KB138761

일본 천재 편집자가 들려주는 새로운 시대, 일하기 혁명

미치지
않고서야

미노와 고스케 지음 | 구수영 옮김

21세기북스

머릿속 계산보다
우선해야 할 것

안녕하세요. 저는 일본에서 편집자로 일하고 있는 미노와 고스케입니다. 한국을 무척 좋아해서 여러 차례 방문한 적이 있습니다. 그때마다 맛있는 고기와 게장을 엄청나게 많이 먹곤 했습니다.

저는 십여 년 전, 대학을 졸업하고 출판사에 취직했습니다. 지난해에는 제가 편집한 책이 100만 부 넘게 팔렸는데요. 지금과 같은 출판 불황 시대에 '보기 드문 히트 메이커'라며 텔레비전과 잡지에 소개되기에 이르렀습니다.

제 인생은 최근 이삼 년 사이에 크게 바뀌었습니다. 이 책에는 그 변화의 중심이었던 사고방식이 소개되어 있습니다. 편집자뿐만 아니라 다른 모든 분야에서 일하는 분들에게도 적용할 수 있는 사고방식이라고 생각합니다.

간단하게 말하자면 '바보가 되어 날아라!'입니다. 지금의 세상은 아주 급격하게 변화하고 있습니다. 새로운 테크놀로지가 끊임없이 생겨나고, 그것에 발맞춰 사회는 물론 사람들의 행동 또한 완전히 달라지고 있습니다. 스마트폰이 발명되어 세상이 단번에 바뀐 것처럼, 앞으로 이 같은 비연속적인 이노베이션이 점차 많아질 것입니다.

변화가 격심하다는 것은 미래를 예측할 수 없다는 말입니다. 머리로 이것저것 계산하더라도 도중에 규칙이 달라지면 큰 의미가 없지요. 이럴 때 효과를 발휘하는 것은 일단 움직여보는 것입니다. 무엇이 정답인지 알 수 없기에 일단 뛰어보는 것입니다. 머리가 꽉 막힌 사람이 되지 않도록 일단 마음을 비우고 도전하는 것이 중요합니다.

실패도 좌절도 인생이라는 드라마에서 하나의 스토리에 지나지 않습니다. 그렇기에 실패를 향해 뛰어든다는 각오로 일단 움직여보는 건 어떨까요? 앞으로 계속 나아가노라면, 문득 뒤를 돌아봤을 때 '언제 이렇게 멀리까지 왔지?' 하는 생각이 들 정도로 성장하고 실적도 쌓여 있을 것입니다.

마치 대단한 사람이라도 된 것처럼 글을 썼지만, 제 인생도 지금부터입니다. '일단 해보자!'는 마음을 소중히 하며 앞으로 나아가고 싶습니다. 많은 실패와 좌절, 곤란이 기다리고 있겠지만, 그것이야말로 저라는 인간을 하나의 브랜드로 만들어줄 것이라

믿습니다.

우리 함께 달려봅시다!

2019년 6월

미노와 고스케

차례

지금이 기회다.

이전까지의 규칙과 제도는 더 이상 통용되지 않는다.

구세대는 도저히 이해할 수 없는 변화가 눈앞에 펼쳐진다.

두근두근 가슴이 뛰는 미래가 온다.

그 파도 위에 올라타라.

자신의 손으로 세계의 윤곽을 만지고,

자유롭고 새로운 질서를 만들어라.

꼰대들이 하는 말 따위, 귀담아듣지 말아라.

대신 누구보다도 많이 움직여라. 말하기 전에 움직여라.

말하면서라도 좋으니 손을 움직여라.

입으로 자랑하지 말고 숫자나 프로젝트로 보여줘라.

'무엇을 하고 싶은지, 무엇을 하고 있는지'

명확히 답할 수 있는 사람이 돼라.

미쳐라. 어중간한 인간은 아무것도 이뤄내지 못한다.

절망에 빠질 때도 있다. 그래도 믿음을 갖고 달려라.

지키기보다는 공격하라. 그러는 편이 더 즐겁다.

이쪽 세계로 와서 혁명을 일으켜라.

들어가며 ──

이쪽 세계로 와서
혁명을 일으켜라

편집자가 되고 사 년이 흘렀다. 엄청난 기세로 달려왔다. 되돌아보면 폭발하듯 지나온 노도 같은 날들이었다.

후타바샤(双葉社)와 겐토샤(幻冬舎), 두 출판사에서 편집자로 일했다. 2017년, 겐토샤와 뉴스픽스(NewsPicks)°가 컬래버레이션한 비즈니스 서적 전문 레이블 'NewsPicks Book'을 설립해 편집장이 됐다. 매월 책 한 권을 내는 지옥 같은 하루하루를 보냈다. 그리고 창간 일 년 만에 누계 판매 100만 부를 달성했다. 출판 불황이 극심한 오늘날에는 믿기지 않는 숫자다.

쇼룸(SHOWROOM) 사장인 마에다 유지(前田裕二), 미탭스(METAPS) 사장인 사토 가쓰아키(佐藤航陽) 등 최고의 기업가들과 함께 책을 내고 다양한 사업을 벌였다. 그 결과, '출판계를 대표하는 히트 메이커', '가장 앞서가는 편집자'라는 소리를 듣게 됐다.

하지만 나는 애초에 노력파도 아니고, 엘리트 사고방식을 가진 사람도 아니다. 대학생 시절에는 단 일 초도 공부하지 않았다. 캠퍼스에서 술을 퍼마시며 아무짝에도 쓸모없는 시간을 보냈다. 와세다대학 문학부 캠퍼스에서 술 판매가 금지된 것은 나 때문이라는 소문도 있다.

후타바샤에 취직하고 나서도 '광고 영업'이라는 느슨한 부서에서 그야말로 대충대충 하루를 보냈다. 적당히 미팅을 잡고, 거래처와 잡담을 나누며, 현장에서 곧장 퇴근해 술을 마시러 다녔다. 어디에나 있는 망나니 같은 샐러리맨, 아니 어디에도 없는 쓰레기급이었다. 그러던 내가 달라진 것은 편집자로 일하면서부터다.

광고영업부 소속이었던 나는 요자와 츠바사(与沢翼)라는 남자에게 이끌려《네오힐즈 재팬(ネオヒルズ·ジャパン)》이라는 잡지의 편집장이 됐다. 온갖 아수라장과 어려움을 겪으며 편집이라는 일에 빠져들었다. 아마존 재팬 종합 순위에서 1위를 차지하고 3만 부를 모두 팔아치웠다. 그 후 정식으로 편집부로 이동하면서 무언가에 홀린 듯 일해온 것이다.

나는 '최근 몇 년 사이에 갑작스레 히트를 쳤다'라

는 말을 듣는데, 그것은 내가 편집 일에 푹 빠져 있었기 때문이다. 편집자는 지금 시대가 요구하는 능력을 배양할 수 있는 최고의 직종이다. 그렇게 생각하는 이유는 다음 세 가지다.

첫 번째, '재능 칵테일'을 마음껏 마실 수 있다. 편집자는 한 번이라도 대면하면 인생을 격변시켜줄 만한 천재들을 매일 만난다. 때로는 서로 얼굴을 붉히며 책을 만드는 과정에서 전우애도 싹튼다. 독자에게는 미안한 말이지만, 한 권의 책을 통해 가장 많이 성장하는 사람은 단언컨대 편집자다. 그저 읽기만 하는 사람보다는 직접 만드는 사람에게 저자의 생각이 더 많이 흘러 들어가는 까닭이다.

다양한 장르에서 활약 중인 사람들의 재능을 한데 모아 칵테일처럼 만들어 마신다. 이런 사치스러운 일이 또 있을까? 그 결과, 책을 만듦으로써 편집자 자신이 말도 안 될 만큼 성장해간다. 나는 내가 만든 책에 의해 만들어졌다. 편집자뿐만 아니라, 상대의 재능을 흡수하겠다는 마음가짐으로 일하는 것은 어떤 직업에서든 중요하다.

두 번째, 스토리를 만들 수 있다.
편집자의 일을 한마디로 정의하면 '스토리를 만드는 것'이다. 지금 시대는 상품의 기능이나 가격에서 큰 차이가 없다. 앞으로는 '상품에 어떤 이야기를 담았는지'가 더 중요해질 것이다. 예를 들어 이 티셔츠는 누가, 어떤 마음으로, 무슨 메시지를 담아 디자인했는지, 소비자의 마음을 움직이는 스토리를 만드는 것이 핵심이다.

사실 그것은 편집자가 가장 잘하는 일이기도 하다. 앞으로는 모든 업계에서 스토리를 만드는 능력을 필요로 할 것이다. 나는 아시아 여행 중에 산, 거저

준다고 해도 받지 않을 부처 장식물을 상대가 갖고 싶도록 이야기를 만들어 수만 엔에 팔 수 있다. 지금 내가 책 외에 다양한 상품과 서비스를 기획하는 것도 사람들이 스토리를 만드는 힘을 필요로 하기 때문이다.

그리고 세 번째, 사람의 감정을 감지하는 후각을 연마할 수 있다.

세상 사람들이 매일 무엇에 울고, 무엇을 고민하고, 무엇에 환호하는지 피부로 느끼지 못하면 팔리는 책 따위는 만들 수 없다. 최근에는 빅데이터를 분석하면 팔리는 책의 소재를 알 수 있다고 하는데, 사실 그런 방식으로는 성공하는 책을 만들 수 없다.

대중이 열광하는 콘텐츠란, 곰곰히 생각해보면 특정한 어느 한 명에게 강력히 가닿는 콘텐츠다. '30대 영업사원을 위한 비즈니스 서적'처럼 대충 뭉뚱그려 잔재주를 부리는 마케팅으로는 책을 팔 수 없다. 어느 한 명의 영업사원이 점심으로 무엇을 먹는지, 닭튀김 정식인지, 편의점 도시락인지 철저하게 상상하지 않으면 한 사람의 인생을 변화시킬 책을 만들 수 없다. 극단적일 정도로 어느 한 개인을 위해 만든 것이 결과적으로 대중에게 퍼져 나간다. 사람들이 매일 무엇을 느끼는지 냄새 맡는 후각은 앞으로 이야기를 만드는 힘과 더불어 온갖 종류의 상품과 서비스를 만드는 데에 더욱 중요해질 것이다.

편집자의 근본은 놀듯 일하고, 일하듯 노는 것이다. 그저 열광하고 미쳐라. 자신이 좋아하는 것에 계속 열정을 쏟아부어라. 결국 책을 히트시키는 것이나 애플리케이션을 히트시키는 것, 라면 가게에서 손님을 줄 세우는 것은 모두 자기 인생을 걸고 얼마나 열광할 수 있는지에 달렸다.

자신이 독자 입장에서 꼭 읽고 싶다고 생각하는 것을 만든다. 재미있는지, 재미없는지에 대한 객관적 기준 같은 건 없다. 편애라도 좋다. 스스로 '이 원고를 세상에 낼 수만 있다면 편집자를 그만둬도 좋다'라고 생각하는 것을 만들면 된다. 우선은 그게 중요하다. 그 후에 그 열정이 홀로 좋아하는 것에 그치지 않도록, 다른 사람의 감정을 상상해 있는 힘껏 스토리를 실으면 된다.

AI의 발달로 사무적이고 기계적인 일은 로봇이 대체하는 시대다. 정해진 규칙이나 이해득실에 대한 믿음을 파괴하고, 자신이 편애하는 것을 위해 얼마나 미칠 수 있는지가 인간의 마지막 무기가 될 것이다. 그렇기에 '너무도 인간적인' 이 스타일은 앞으로 찾아올 시대에 강점이 된다.

나는 2017년 6월에 '미노와 편집실'이라는 온라인

살롱°을 만들었다. 불과 일 년 만에 1,300명의 멤버가 모였다. 이곳은 시대의 최첨단을 달리는 곳이다. 젊고 다양한 멤버가 글쓰기와 디자인, 동영상제작, 이벤트 주최, 커뮤니티 디자인을 하고 있다.

온라인 살롱이란 주로 인터넷상에서 활동하는 커뮤니티지만, 이들은 실제로 만나기도 하면서 다양한 프로젝트를 추진 중이다. 옛날 학당과 비슷한 모습일지도 모른다. 같은 뜻을 품은 동료들이 모여서서로 대화를 나누고 행동한다.

온라인 살롱은 회사와는 완전히 반대 발상으로 성립되어 있기 때문에 기존 가치관으로는 파악하기어렵다. 회사에서는 사원에게 월급을 지불한다. 사람들은 일하고 싶지 않아도 가족을 위해서, 혹은 대출을 갚기 위해서 회사를 그만두지 못한다.

하지만 온라인 살롱에서는 돈의 흐름이 반대다. 멤버는 오너인 내게 돈을 지불하며 일한다. 미노와 편집실은 매월 5,940엔의 정액제로 운영된다. 내게 돈을 지불하면서 내가 만든 책을 홍보하거나 서점에 공급하는 패널을 디자인한다. 최근에는 서점(미노와 서점)과 게스트하우스(미노테이)를 만들기도 했다.

돈을 지불하며 일하는 것은 통상적인 노동과는 반대 구조이기 때문에 옆에서 보면 잘 이해되지 않는다. 그래서 '광신도 비즈니스'라거나 종교에 가깝다는 야유를 받기도 한다. 하지만 앞으로는 이러한 온라인 살롱 방식이 주류가 될 것이다. 그들은 온라인 살롱에서 '돈'을 벌기 위해 일하지 않는다. '즐거움'이나 '재미' 같은 자신만의 보람을 위해 일한다. 돈이나 물질을 얻기 위해서보다 더욱 고차원적인 욕망을 채우기 위해 일하는 것이다. 젊은 세대는 아무리 연봉이 높더라도 하고 싶지 않은 일은 하려 들

지 않지만, 즐거운 일이라면 돈을 내고서라도 하고
싶어 한다. 놀이와 일을 구별하지 않는 것이다.

세간에는 근로시간 단축이라는 개혁이 일어나고
있다. 많은 기업에서는 밤을 새워 일하고 싶어도 강
제적으로 쉬게 한다. 그 결과, "작업의 질을 높이고
자신의 능력을 키우고 싶은데 법률 때문에 원하는
만큼 일할 수 없다"라는 사람이 생겨난다. 물론 '과
로사' 같은 사회문제도 있지만, 좋아서 하는 일조
차 제한하는 세상은 조금 이상하지 않은가. 자신을
잊어버릴 만큼 집중하고 맹렬하게 열중해야만 비
로소 만날 수 있는 세계가 있다.

온라인 살롱은 멤버를 고용하는 건 아니기에 근로
시간 단축과는 상관이 없다. 자신이 돈을 내며 좋아
서 일하는 것이다. 밤이든 낮이든 쉬지 않고 일한
다. 온라인 살롱을 그만두고 싶으면 언제든 그만둘

수 있다. 회사처럼 그만두고 싶어도 월급을 받기 때문에 들러붙는 사람은 없는 것이다. 그렇기에 남아 있는 멤버는 언제나 의욕이 높고 긍정적이다.

텔레비전 방송국이 근로시간을 지키기 위해 적당한 수준에서 타협한다면, 미노와 편집실의 동영상 팀이 텔레비전의 품질을 뛰어넘는 날도 머지않을 것이다. 디자인팀이 광고 회사보다 멋진 결과물을 만들고, 글쓰기팀이 출판사보다 재미있는 콘텐츠를 만드는 미래는 바로 눈앞에 있다. 아니, 이미 그렇게 되고 있다.

주로 20대인 그들은 무서운 속도로 진화한다. 미노와 편집실은 아직 설립된 지 일 년밖에 되지 않았지만, 뉴스픽스에서 기사 작성과 동영상 제작 의뢰가 들어오고, ZOZO°에서 프로모션 의뢰를 받기도 한다. 위로 갈수록 꽉 막힌 회사는 젊은 사람들에게

온라인 의류 쇼핑몰인 조조타운 등을 경영하는 그룹

좀처럼 기회를 주지 않는다. 대기업 샐러리맨이 연공서열에 따라 순서를 기다리는 사이, 미노와 편집실에서는 고등학생이든 대학생이든 직접 손을 움직여 성장하고 있다. 자신을 브랜드화하여 개인으로서 활약할 힘을 얻어나가는 것이다. 이곳은 지금 일본에서 가장 뜨거운 학당으로 자리 잡았다.

이 온라인 살롱에서 내 수입은 월 700만 엔 가까이 된다. 그 밖에도 상품 기획과 컨설팅을 10건 이상 하고 있으므로, 부업을 통해 얻는 수입이 회사 월급의 20배를 넘는다. "회사를 그만두지 않으실 건가요?"라는 질문을 들을 때도 많지만, 회사원이란 사실 무척 달콤한 위치다. 나는 회사원으로 일하는 장점을 결코 버릴 수 없다.

사회적으로 부업을 하는 사람이 늘어나고 있다. 하지만 본업인 회사에서 성과를 내고 이름을 드높인

뒤, 그 이름을 바탕으로 일을 의뢰받지 않으면 의미가 없다. 쉬는 날에 소고기덮밥 가게에서 아르바이트를 하는 것은 주객전도이기 때문이다. 귀중한 인생의 시간을 돈과 바꾸는 것이다. 부업 활동이 왕성한 시대에 활약하고 싶다면 회사라는 무대를 이용해 회사 밖에서 개인 브랜드를 만들어야 한다.

회사에 다녀서 좋은 점은 위험 없이 게임을 할 수 있다는 것이다. 회사의 돈과 사람, 인프라를 이용하여 대형 프로젝트에 몰입할 수 있다. 가령 실패하더라도 자신의 돈은 한 푼도 들지 않는다.

회사 안에서 실적을 만들고, 회사 밖에서 월급의 수십 배나 되는 돈을 버는 스타일은 아직 흔치 않지만 앞으로는 점차 많아지리라 생각한다. 지금부터 이런 새로운 방식을 준비해두는 편이 좋다. 내 머릿속에 있는 행동 원리를 이 책에 모두 적었다.

제1장은 '생각하는 법'이다. '당연히 이렇게 되겠지' 하는 뻔한 규칙을 무너뜨리지 않으면 재미있는 일, 새로운 일은 할 수 없다. 감동은 논리에서 태어나지 않는다.

제2장은 '장사하는 법'이다. 샐러리맨의 뇌를 버리고 자신의 손으로 돈을 버는 힘을 기르지 않으면 앞으로의 시대를 살아가기 힘들다. 그 방법을 적었다.

제3장은 '개인을 세우는 법'이다. 자신이라는 브랜드를 어떻게 세워나갈 것인지가 미래에는 중요한 테마가 된다.

제4장은 '일하는 법'이다. 이러쿵저러쿵 떠들기 전에 일단 움직여라. 속도와 양으로 압도하라. 변화의 시대에는 일단 움직이는 사람이 이긴다.

제5장은 '인간관계를 만드는 법'이다. 디지털 시대에는 벌거숭이가 된 채 진정한 관계를 쌓을 수 있는 인간의 가치가 커진다.

제6장에서는 '살아가는 법'을 말한다. 인간이 하던 일을 로봇이 대부분 대체하게 되면, 우리 인간은 자신의 내적 욕망에 충실할 수 있고 좋아하는 일에 몰입할 수 있다. 오히려 그러지 않으면 인간이 만들어야 할 가치를 만들어내지 못한다. 열광에 빠져서 살아가기 위해서는 어떻게 해야 할지를 생각해봤다.

편집자로서, 샐러리맨으로서 내 스타일은 일반적이지 않다. 이상하고 미친 사람처럼 보일지도 모른다. 하지만 지금 시대에 미쳐 있다는 것은 미치긴 했으나 틀리지는 않았다는 증거다. 언제나 미쳐 있는 사람만이 새로운 시대를 만들며 그 미래가 현실이 된 후에야 비로소 이해받을 수 있다.

돈을 위해 일하는 젊은이들이 줄어들고 있다. 과거를 논리적으로 분석해 광고를 쏟아내더라도 더는 세상을 움직일 수 없다. 모든 규칙이 변하는 상황에서 강점을 보이는 쪽은 새로운 것을 받아들이고 변화를 즐기는 인간이다. 미래를 어떻게 살아갈지 이 책을 통해 함께 생각하고 싶다.

일본은 물론이고 내가 일하는 출판업계 또한 앞날이 막막하고 점점 끝나가는 느낌이지만, 그럼에도 불구하고 내 주변은 들썩거리고 있다. 긍정적인 미래가 보이며 무엇보다 즐겁다. 그러니 서둘러 이쪽으로 오라. 이쪽이 옳은 길임이 분명하니까.

규칙은 달라진다. 경험은 방해가 된다. 지식은 없어도 좋다. 이러쿵저러쿵 떠들기 전에 지금 당장 움직여라.

이 책이 미래를 살아갈 젊은 사람들의 무기가 되기를 바란다.

제1장

[생각하는 법]

혼돈 속에 뛰어들어라

규칙은 악이다. 절차에 따라 일한다면 과거의 것을 재탕하는 것에 불과하다. 아슬아슬한 선 위를 걸으며 혼돈 속에 뛰어들어라. 새로운 것은 오로지 그곳에서만 태어난다.

트러블에
몸을
던져라

새로운 것을 만들고 싶다면 정해진 규칙과 합리성에서 벗어나 직접 문제에 뛰어들어야 한다. 편집자에게 필요한 그 편린을 나는 고등학생일 때부터 갖고 있었다.

고등학교 2학년 때 사와키 고타로(沢木耕太郎)의 『나는 아직 도착하지 않았다』에 빠져 지냈다. 저자의 강연회에 달려가 가방에 사인을 받고, 곧장 이탈리아와 스페인으로 날아가 혼자 여행을 했다.

스페인 여행 중, 마드리드에서 열차 폭파 테러가 일어났다. 거리는 어수선했고, 여행사에서 내 생존을 묻는 편지가 도착했다. 종잡을 수 없는 비일상적 분위기에 두근거리던 기억이 난다. 하지만 그뿐이었다. 점차 혼자 여행하는 것에 익숙해지면서 '어라, 내 여행은 『나는 아직 도착하지 않았다』와 달리 평범하게 끝나버렸네……' 하는 아쉬움을 느꼈다.

귀국 직전, 밀라노 공항에서 사건이 터졌다. 일본행
비행기를 타기 직전에 여권을 분실한 것이다. 타려
던 비행기는 떠나버리고, 나는 영어 한마디 못 한
채 망연자실했다. 당시에는 당장 꺼내어 볼 스마트
폰도, 메신저 프로그램도, 구글도 없었다. 나는 최
악의 불안에 휩싸인 한편, 아드레날린이 솟구치는
걸 느꼈다. 그때부터 진짜 여행이 시작된 것이다.

우선 일본인 공항 직원을 찾아갔다. "고등학생인데
요. 여권을 잃어버려서 돌아갈 수가 없어요"라고
말하자 그는 경찰관에게 분실신고서를 내라고 했
다. 하지만 경찰관을 앞에 두고 'I lost passport!
어라, '잃어버렸다'의 과거형이 이게 맞나?'라는
고민이 들 정도로 영어 수준이 형편없었다. "테러
의 영향으로 공항에 경비원이 많으니 지금은 공항
이 가장 안전하다. 여권이 재발급될 때까지 공항 의
자에서 시간을 보내라"라는 조언을 들었다. 영화

〈터미널〉에 나오는 톰 행크스처럼 공항 홈리스가 된 기분이었다.

당시는 여름방학이었기에 공항에 일본인이 많았다. "고등학생인데요. 여권과 돈이 없어서 죽을 것 같아요"라고 말을 걸자, "왜 고등학생이 혼자 있냐"며 놀랄 만큼 많은 동전을 건네주었다. 점차 그렇게 말을 거는 것에 익숙해지자 '이 비즈니스 모델로 부유하게 살 수 있지 않을까' 하는 생각마저 들었다.

이렇게 모은 돈으로 공항에 있는 맥도날드에서 빅맥을 사 먹었다. 버스와 전철을 갈아타고 영사관에 도착해 증명사진을 찍고 '도항증'이라는 임시 여권을 발급받았다. 그렇게 무사히 일본에 귀국할 수 있었다.

절차대로 나아가는 뻔한 순서로는 아무런 매력을 느낄 수 없다. 무난하게 끝날 것 같았던 첫 '나홀로 여행'은 여권을 잃어버린 순간부터 새롭게 시작됐다.

대학 시절에 여행한 인도에서도 그랬다. 호객꾼의 교묘한 술수에 빠져 기념품 상점을 가장한 가게에 들어간 나는 "보석을 사지 않으면 나갈 수 없다"라는 협박을 받으며 작은 방에 감금되고 말았다. 정신이 아득해질 정도로 더운 방에서 콜라를 건네받았다. 『지구를 걷는 방법(地球の歩き方)』 인도 편에는 "모르는 사람이 건네준 음료수에는 수면제가 들어 있다"라고 적혀 있다. "마셔라", "싫다"를 수없이 반복하며 도대체 몇 시간을 갇혀 있었을까. '이대로라면 진짜로 살해당할지도 몰라'라는 생각에 남자를 필사적으로 밀치고 전력으로 달렸다. 상대는 빼빼 마른 체구였기에 처음부터 힘을 쓰면 도망칠

수 있었을지 모른다. 하지만 당시에는 너무 무서워서 다리를 벌벌 떨며 목숨을 걸고 내달렸다.

하지만 도망치는 순간에도 내 머릿속은 '지금 당장 인터넷 카페를 찾아 블로그에 일기를 써야지' 하는 생각으로 가득 찼다. 엄청나게 흥미진진한 체험을 했다. 어서 빨리 여행기를 올려서 일본에 있는 친구들에게 보여주고 싶었다. 자칫하면 목숨을 잃을지도 모르는 상황에서도 내 머릿속은 '누군가에게 전하고 싶다'라는 충동에 좀이 쑤셨다. 고양감이 공포를 이긴 순간이었다.

실패나 갈등 속에 기꺼이 뛰어들고 싶다. 식은땀과 마찰, 공포와 절망을 엔터테인먼트로 승화하고 싶다. 뇌 속에서 아드레날린이 솟구치는 그 순간, 누군가에게 전하고 싶어서 도무지 참을 수 없다.

편집자의 일은 선악이나 윤리와는 관계가 없다. 자신의 편애와 열광을 억누를 수 없어서 용솟음치고 흘러나온 것이 '작품'에 실려 세상에 가닿는다. 정해진 규칙에 따라 논리적으로 사고하면 계산한 것 말고는 다른 무엇을 만들 수 없다. 무난하게 살면 아무 일도 일어나지 않는다. 누군가가 만들어놓은 길에서 벗어나라. 혼란 속에 아직 보지 못한 풍경이 있다. 온갖 사고와 갈등 속에 스스로 몸을 내던져라.

"

실패나 갈등 속에 기꺼이 뛰어들고 싶다.
식은땀과 마찰, 공포와 절망을
엔터테인먼트로 승화하고 싶다.
뇌 속에서 아드레날린이 솟구치는 그 순간,
누군가에게 전하고 싶어서 도무지 참을 수 없다.

"

바보가 되어
전력을 솟아라

1초당 1억 엔을 번다는 '네오힐즈족'° 요자와 츠바사. 나는 그의 존재를 텔레비전으로 알았다. 롯폰기 힐즈에 살고 롤스로이스 팬텀과 페라리를 번갈아 타는 그를 본 순간, '재미있는 녀석이네' 하며 독특한 냄새를 맡았다. 그와 곧장 약속을 잡았다.

"3천만 엔을 주시면 재미있는 잡지를 창간해 책임 편집장 자리를 드리겠습니다." 입에서 나오는 대로 허풍을 떨었더니 요자와는 대범하게도 그 자리에서 승낙해버렸다.

3천만 엔이라는 제작비를 획득한 나는 의기양양하게 회사로 돌아왔다. "잘했다!"라는 칭찬을 들을 줄 알았는데, "이런 위험한 돈은 가져오지 마!"라며 상사에게 혼이 났다. 요자와 츠바사로 검색하면 '사기꾼, 범죄자' 같은 정보가 한없이 나왔으니 어쩌면 당연한 일이다.

인터넷을 활용한 비즈니스를 통해 큰돈을 벌고, 고급 타워 맨션에 살며 고급 차와 명품 브랜드를 소유한 신흥 부유층

나는 즉시 요자와 츠바사라는 사람이 얼마나 매력적인 인물인지를 블로그에 적은 뒤, 그 내용을 프린트해서 사장의 책상 위에 올려놓았다. 지금 생각하면 미친 짓이지만, 다행히 이것이 사장의 마음을 움직였다. "그래, 알았다. 네가 그렇게 하고 싶으면 한번 해봐!"

하지만 사내 편집자 중 누구도 나서려 하지 않았다. '별수 없지. 내가 하는 수밖에.' 광고 영업밖에 해본 적 없는 나는 메일에 적힌 편집 용어조차 일일이 검색해보지 않으면 이해할 수 없었다.

"표지는 누구한테 촬영해달라고 하지? 역시 레슬리 키(Leslie Kee)°밖에 없을 것 같은데." 레슬리의 이름을 입 밖에 내자 회사 동료는 말했다. "이런 바보 같은 기획을 레슬리에게 제안하는 것 자체가 회사로서 부끄러운 일이야. 제발 그만둬." 그러나 남몰래 레슬리의 스튜디오에 전화를 걸자 "우리도 레슬리가 아니면 할 수 없는 일을 하고 싶어요"라며 의외로 흔쾌히 승낙하는 게 아닌가.

하지만 기획이 그렇게 순조로울 리 없다. 촬영 전날, 전화가 와서 레슬리가 '무슨 일이 있어도 요자와는 찍지 않겠다'며 거부했다고 전했다. 레슬리는 요자와를 찍으면 자신이 지금까지 쌓아온 경력이 전부 망가질까 봐 걱정했다. 그럼 그렇지. 애초에 너무 흔쾌히 수락해서 놀라긴 했지만, 그렇다고 여기서 순순히 물러날 수는 없었다. 이미 스태프 수십 명이 움직이고 있었다. 경험도 없이 최연소로 편집장을 맡은 나를 스태프들이 따라와준 것은 바로 '레슬리가 찍는다'는 확약이 있었기 때문이다. 여기서 틀어지면 나는 엄청난 허풍쟁이가 되고 잡지는 공중분해가 되리라. 등줄기로 식은땀이 흐르면서도 나는 어쩐지 조금씩 흥분되기 시작했다.

사정사정해 겨우 레슬리를 설득할 기회를 얻었다.
"요자와에게 1엔을 버는 것은 운동선수가 0.1초의
기록을 단축하는 것과 마찬가지일 뿐입니다. 선악
의 문제가 아니에요. 자신의 욕망을 추구하는 것, 그
자체일 뿐이죠. 당신이 사진에 모든 것을 거는 것과
같지 않나요? 당신이 아니면 찍을 수 없습니다."

일종의 도박이었다. 남성 누드 사진을 모자이크
처리 없이 전시한 후 체포된 경험도 있는 레슬리
는 말했다. "요자와 츠바사는 수상쩍지만, 그러고
보면 나도 수상한 외부인이다. 좋은 사진을 한번
찍어보자."

이렇게 많은 난관을 돌파해서 《네오힐즈 재팬》을
완성했다. 처음에는 코웃음 치거나 반신반의하던
스태프들도 마지막에는 일치단결하여 묘한 열기
를 내뿜었다.

그리고 발매 당일, 예상치 못한 아수라장이 또 한 번 펼쳐졌다. '요자와가 전속 운전사를 폭행한 혐의로 검찰에 송치됐다'는 속보가 흘러나온 것이다. "요자와 츠바사, 검찰 송치. 그가 책임편집장을 맡은 잡지는 창간일에 폐간?"이라는 기사가 연속해서 인터넷에 오르고, 텔레비전에서도 다뤄지기 시작했다. 끝났다. 잡지가 회수된다는 최악의 결말이 머릿속에 떠올랐다.

여기서 도망치면 정말로 모든 것이 끝난다. 나는 용기를 쥐어짜 사장실 문을 열고 말했다. "이건 프로모션입니다!" 그러자 사장은 말했다. "잘하고 있군! 그래도 너무 무서운 일까지 벌어지는 말도록!"

아무리 그래도 그렇지. 내가 경찰을 움직이는 규모의 프로모션을 할 수 있을 리가 없지 않은가. 사장은 그저 바보인 척하며 넘어가준 것인지도 모른다.

그 결과, 《네오힐즈 재팬》은 무려 3만 부가 완판됐다. 지금은 정가의 3배 이상으로 거래되고 있다.

안다. 솔직히 말해 엉뚱하고 바보 같은 기획이었다. 하지만 전력을 다해 만들고, 온 힘을 다해 배트를 휘두르면 열광은 전파되기 마련이다. 바보 같다고 비웃기만 하던 사람들도 차례로 뛰어들었다. 무난하게 추진해봐야 사람들은 따라오지 않는다. 사람은 위험한 것에 매료된다.

머리부터 뛰어들어라. 눈 깜짝할 사이에 발부터 내밀어라. 무슨 일이든 그렇게 반복하면서 헤쳐 나가는 수밖에 없다고 나는 생각한다.

전력을 다해 만들어라.
온 힘을 다해 배트를 휘둘러라.
열광은 전파되기 마련이다.

안심을
파괴하라

절차대로 진행되는 일이나 안전하고 안심되는 공간에서 열광은 태어나지 않는다.

《네오힐즈 재팬》으로 생각지도 못한 히트를 치면서 나는 편집부로 이동했다. 그 후, 첫 번째 단행본으로 기획한 것이 출판계의 풍운아, 겐토샤의 사장 겐조 도루(見城徹)의 『전설이 파는 법』이었다.

주변에서는 "단행본을 만들어본 적 없는 사람이 겐조 씨의 책을 만드는 건 너무 위험하다", "제대로 해내지 못하면 출판계에서 살아남기 힘들다"라고들 했다. 도대체 무슨 말을 하는 건지. 처음부터 실패할 거라 생각하고 싸우는 바보가 어디 있단 말인가. 결과적으로 겐조 도루와 함께한 나의 첫 단행본은 누계 12만 부의 베스트셀러가 됐다.

겐조 도루의 몸에는 폭발적인 열정이 흘러넘친다.

그와 함께하면 나 역시 빛을 발하게 된다. 스무 시간 가까운 취재 테이프를 여유가 날 때마다 꺼내 들었다. 그가 발언한 모두를 외웠고, 입만 열면 겐조 도루에 관해 이야기했다. 대필 작가에게는 "미쳤군, 미쳤어"라는 말을 들었고, 아내에게는 "가서 겐조 씨랑 결혼해"라는 핀잔을 들었다. 이제 막 입이 트인 아이는 무서운 표정을 짓는 남자가 텔레비전에 나오면 "겐조 씨"라고 말하기도 했다.

하지만 문제는 책이 나온 후에 벌어졌다. 영업부나 마케팅부와 협업해 책을 팔아야 하는데, 후타바샤의 다른 사원들은 내 열정 따위에 관심조차 없었다. 급기야 겐조 도루가 화를 내기 시작했다. "너무 느려! 배본일을 이틀 더 줄여! 겐토샤의 유통망을 사용해!"

하지만 후타바샤의 대답은 'No'였다. 당연했다. 지

금까지의 선례를 생각하면 무리한 요구만 해댄 셈이니까. 나는 둘 사이에 꽉 낀 채 겐조 도루에게 자초지종을 설명해야 했다. 그러자 겐조 도루는 말했다. "미노와, 잘 들어. 불가능하다는 말은 가능하게 만들기 위해 있는 거야!" 나는 그 말에 넋을 잃고 말았다. 그리고 그 순간, 겐조 도루가 있는 겐토샤로 가지 않으면 안 되겠다고 마음먹었다.

주어진 일을 절차대로 해나가면 실패해도 큰 타격은 입지 않는다. 다만 그 속에서 아무것도 탄생시키지 못할 뿐이다. 불가능이라는 말을 들으면 돌파한다. 안 된다는 말을 들으면 강행한다. 나는 그렇게 반쯤 의식적으로 규칙과 순리를 파괴해갔다.

사회에 부적합한 인간이라고 손가락질당해도 좋다. 도리어 그렇게 하지 않으면 주변은 물론 나 자신도 이완되어버린다. 언제 찔릴지 알 수 없기에 위기감이 생기고, 어디에 보석이 묻혀 있는지 알 수 없기에 피가 끓는 것이다. 아슬아슬한 줄타기, 어디로 구를지 알 수 없는 상태에서 어떻게든 떨어지지 않고 계속 달려가는 것. 그렇게 해야 처음으로 화려한 결과가 나온다.

30만 부 베스트셀러, 호리에 다카후미(堀江貴文)의 『다동력』을 만화로 만들 때도 기존 사례는 전부 무시했다. 비즈니스 서적을 만화로 만들 경우, 그 형식이 대체로 정해져 있다. 무대는 사무실이고, 주인공은 사무직 여직원. 그런 내용을 답습만 해서는 재미가 없다. 팔리지 않아도 좋으니 무모한 짓을 해보고 싶었다. '무인도를 무대로 삼을 수밖에 없겠다'라고 생각한 나는 마지막까지 호리에 다카후미에게 내용을 보여주지 않았다. 사전에 논의하면 엉뚱한 기획이라며 거절당할지도 모르기 때문이다. 뻔한 절차를 파괴하기 위해서는 닥치고 하는 수밖에 없었다. 그리고 결과는 대성공이었다.

격투기 선수 아오키 신야(青木真也). 상대 선수의 뼈를 부러뜨리고, 움직이지 못하게 붙든 채 가운뎃손가락으로 눈을 찌른다. 방약무인. 문제아. '언젠가 이 미친 사람의 책을 만들고 싶다.' 그런 마음이 『분위기 파악을 하지 마라(空気を読んではいけない)』로 결실을 맺었다.

아오키 신야는 격투기를 좋아하는 사람들 사이에서는 유명하지만, 격투기 인기가 시들해진 요즘에는 1만 권만 팔려도 기적이었다. 전혀 팔릴 것 같지 않은 상황에서 아오키 신야와 나는 게릴라 사인회를 계획했다. 트위터로 "사인이 필요한 사람은 ○○ 서점에서 책을 사서 가게 앞으로 와주세요!"라고 홍보한 것이다. 그러자 서점에서 겐토샤 영업부로 항의가 들어왔다. 서점으로 사인회에 관한 문의가 쇄도해 혼란을 불러일으킨 것이다. "사인회를 하실 거면 미리 말씀해주셔야죠"라는 책망의 말을 들었지만, 사전에 어디를 공격하겠다고 선언하는 게릴라 군대가 어디 있단 말인가. 나는 말했다. "죄송하지만 책 제목이 『분위기 파악을 하지 마라』입니다."

서점에는 민폐를 끼쳤지만 한 신문기자가 이를 재미있게 여겨 기사로 실어준 덕분에, 게릴라 사인회는 큰 반향을 불러일으키게 됐다. 그 결과, 『분위기 파악을 하지 마라』는 격투기 책의 상식을 뒤엎고 3만 부의 대박이 났다.

경영 컨설턴트 톰 피터스에 따르면 누군가에게 허락을 구해가며 역사에 이름을 남기는 사람은 없다. 안전·안심을 파괴하라.

"

불가능이라는 말을 들으면 돌파한다.
안 된다는 말을 들으면 강행한다.
나는 그렇게 반쯤 의식적으로
규칙과 순리를 파괴해갔다.

"

말해선
안 되는 것을
말해버려라

내가 후타바샤에 입사했을 때 신입사원은 모두 '매너 연수'라는 것을 받아야 했다. 사회 경험이 부족하고 제대로 된 인사법조차 몰랐던 나는 훌륭한 사회인으로서의 상식을 배울 수 있으리라 기대했다.

연수원에는 여러 회사의 신입사원이 모여 있었다. 나는 그들과 그룹 토의를 하게 됐다. '어떤 삶의 방식을 중요하게 여기는가', '어떤 생각으로 회사에 들어갔는가'에 대해 각자의 생각을 공유하는 수수께끼 같은 모임이었다. 나는 10대들이 모여 떠드는 것 같은 분위기에 구역질이 났다. 단적으로 말해 수준이 낮았다. 초등학교 수업보다 못했다. 별 볼일 없는 사람들이 모여 서로의 상처를 핥아준다고 해서 무슨 의미가 있는 걸까? 명함을 주고받는 법이나 메일을 작성하는 법처럼 실제 회사 생활에 필요한 매너를 배울 수 있을 거라 기대했건만. 이러한 나의 바람은 깡그리 사라지고 말았다.

매너 연수를 받은 후에는 보고서를 써서 회사에 제출해야 했다. 솔직한 감상을 적는 것이 성의 있는 행위라고 생각한 나는 '매너 연수라는 이름의 익살극'이라는 제목으로 이 연수가 얼마나 쓸모없는지에 대해 전력으로 써나갔다.

"매너 연수라는 것은 그저 이름뿐으로, 하나의 익살극에 지나지 않았다. 연수 내용을 사전에 확인한 후 수강 여부를 정해야 한다. 비싼 참가비를 내고 많은 사원을 하루 동안 구속하는 것치고는 아무런 배움도 없었다. 이런 쓸데없는 연수는 내년부터 그만두는 것이 좋다."

그러자 내가 쓴 보고서가 사내에서 문제가 됐고, 국장실에 불려 들어가 엄청나게 혼이 났다. 어른이 그렇게까지 정신을 놓고 화를 낼 수 있다는 데에 놀랐다. "딱히 반성하지는 않습니다. 제가 쓴 내용은 잘못되지 않았으니까요"라고 반론한 덕분에 곱절로 혼이 나고 말았다. 회사의 고위직이 좋다고 생각하고 추진한 행사에 고작 신입사원인 내가 '무의미하니까 그만두자'라고 말한 것이다. 나로서는 초등학교 때부터 변하지 않은 기본자세였지만, 그 일로 '최악의 문제아'라는 낙인이 찍히고 말았다.

동료나 상사와 불화를 일으키는 일 없이 사이좋고 무난하게 생활하고 싶은 유형의 인간이라면 마음속으로는 별 볼일 없는 모임이라고 생각해도 목소리를 드높이지는 않을 것이다. 그렇다 하더라도 크게 문제 될 건 없다.

다만 회사의 노예가 아닌 무언가 특별한 사람이 되고 싶은 인간이라면 이야기는 다르다. 스스로 생각한 후 '난센스'라는 판단이 들 때는 상대가 누구든 간에 목소리를 높여야 한다. "이건 툭 까놓고 말해서 아무런 의미도 없는 일 아닌가요?", "그 논리는 이상한데요"라고 말하지 않고 침묵하는 순간, 패배가 시작된다. 노예로 이어지는 외길로 떨어지고 마는 것이다.

순한 양처럼 조직에 순응하는 삶의 방식은 습관화된다. 그 습관은 한번 피부에 스며들면 좀처럼 낫지 않는다. 나쁜 습관은 처음부터 배제하는 게 좋다.

언젠가 한 신입사원에게 상담 요청을 받은 적이 있다. "○○라는 기획을 진행하려고 하는데요"라고 말하길래 "그 기획은 해야 할 의미가 전혀 없는 거 아니야?"라고 물었다. 그러자 그 신입사원은 "아, 역시 그렇죠? 저도 그렇게 생각해요. 그런데 상사가 시켜서요"라고 말하는 게 아닌가.

나는 딱 잘라 말했다. "네가 할 의미가 없다고 생각

한다면 여기가 갈림길이다. 의미가 없다는 걸 알면서도 상사를 위해 일하는 것은 성실한 것도 뭣도 아니야. 오히려 불성실한 거지. 대안을 생각한 후 '의미가 없다'라고 말하고 와. 의문스러운데도 그냥 받아들이고 시키는 대로 일하는 무난한 길을 세 번 걸으면 두 번 다시 이쪽으로 돌아올 수 없으니까."

규칙이나 관습이란 선박의 닻처럼 변하지 않는 무거운 존재가 아니다. 언제나 계속 변한다. 하지만 꼰대들은 그저 옛 관습을 지키고 싶어 한다. 당연하다. 그렇게 하는 쪽이 자신들은 변하지 않고 있을 수 있으니까 편한 것이다. 하지만 젊은 사람들은 그런 것을 속임수라고 간파하고 새로운 질서를 만들어야 한다. 일하다 보면 상사나 거래처의 무의미한 주문을 받아들여야 할 때가 있다. 하지만 세 번까지다. 자신에게 세 번 거짓말하면 두 번 다시 돌아올 수 없다.

솔직하게 말하면 "미쳤군", "바보 아니야?"라는 말을 들을지도 모른다. 적이 늘어나고 비방과 중상모략에 휩싸이게 된다. 하지만 그것이야말로 잘못되지 않았다는 명백한 증거다. 나는 그렇게 믿는다. "왕은 벌거숭이다!"라고 계속 큰소리로 떠들어야 한다.

순한 양처럼 조직에 순응하는
삶의 방식은 습관화된다.
그 습관은 한번 피부에 스며들면
좀처럼 낫지 않는다.
나쁜 습관은 처음부터 배제하는 게 좋다.

세 살
어린아이가
되어라

세상에 큰 충격을 던지는 창업가나 아티스트, 운동선수에게는 공통점이 있다. 바로 '미쳐야만 인생'이라는 점이다. 그들은 모두 세 살 어린아이처럼 있는 그대로 본능을 발휘하고 마음껏 호기심을 드러내며 산다.

우리 집에도 작은 어린아이가 있어 잘 안다. 세 살 어린아이의 표정은 순간순간 카멜레온처럼 변한다. 장난을 치다 넘어져 피를 흘리다가도, 눈앞에 재미있는 것을 발견하면 다친 것조차 잊어버린 채 달려 나간다. 방금 전까지 흘리던 눈물이 채 마르지도 않았는데 깔깔거리며 웃는다. 눈앞에 먹고 싶은 것이 있으면 아무렇게나 입에 쑤셔 넣고, 졸리기 시작하면 주변에 아무리 사람이 많아도 그 자리에서 잠들어버린다. 하고 싶은 것, 생각난 것을 곧장 실행으로 옮길 수 있는 세 살 어린아이는 무적이라 해도 좋다.

내 주변의 창업가나 크리에이터들도 모두 세 살 어린아이처럼 본능적이고 동물적인 감각으로 움직인다. 결코 규칙이나 상식, 논리에 따라 움직이지 않는다. 그들을 보면 인생이란 세 살 어린아이인 채로 어디까지 달려갈 수 있는지를 겨루는 경주 같다.

누구나 어느 시점에는 어른이 된다. 학교에 세뇌당하고, 회사에 길들여지고, 상식을 배우며, 인간관계에 구속된다. 그리고 언제부턴가 '있는 그대로의 자신'을 버린다. 기상천외한 인생은 영화나 소설 속 주인공에게 맡기고, 세상에 녹아드는 쪽을 선택하는 것이다. '세 살 어린아이 경주'에서 한 명, 또 한 명 탈락해간다. 하지만 영원히 세 살 어린아이로 남아 있을 수 있다면 인생은 도대체 얼마나 재미있을까.

호리에 다카후미와 함께 일할 때마다 통감한다. 그

에게는 상식이라는 것을 일절 찾아볼 수 없다. 언제나 있는 그대로다. 싫은 것은 싫고, 좋은 것은 좋다. 하고 싶은 것은 하고, 하기 싫은 것은 하지 않는다.

오키나와에 있는 가도카와 N고등학교에서 호리에 다카후미와 대담하는 행사가 있었다. 나는 국제 거리에서 산 엄청나게 화려한 티셔츠에 반바지, 그리고 맨발 차림이었다. 한 손에는 하이볼°을 들고 만취 상태로 무대에 올랐다. 제아무리 세 살 어린아이인 호리에 다카후미라도 담당 편집자의 이런 태도에는 한마디쯤 딴죽을 걸리라. 아니, 솔직히 말하면 "너 지금 뭐 하는 거야?"라고 항의해주기를 기대하며 그런 화려한 티셔츠를 산 것이다. 하지만 그는 "미노와, 뭐 마셔? 나도 줘"라고 말할 뿐이었다. 그가 누군가에게 상식을 강요하는 모습은 본 적이 없다. 그야말로 맥이 빠지는 순간이었다.

 위스키와 소다수를 섞어 만든 알코올음료 °

하지만 그런 호리에 다카후미에게 혼이 난 적도 있다. 평소에 양복을 입지 않는 내가 편집자가 되어 처음으로 양복을 입고 넥타이를 맸던 날이다. 그날은 뉴스픽스가 주최하는 만찬회가 열렸다. 내가 만찬회 같은 곳에 참석하는 인간이 될 거라고는 생각지도 못했다. 그 만찬회에는 고이즈미 신지로(小泉進次)°를 비롯해 일본의 미래를 짊어질 정치가와 연구자, 창업자가 대거 참석했다.

화려한 성처럼 보이는 연회장의 드레스 코드는 정장. 아무리 격식을 파괴하는 편집자 미노와 고스케라 해도 어쩔 수 없다는 생각에 양복과 넥타이 차림으로 참석했다. 그런데 분명 있어야 할 호리에 다카후미가 보이지 않는 것이다. 그는 2차 모임에서야 모습을 드러냈는데, 나를 보자마자 내 넥타이를 잡아당기며 말했다.

"이런 촌스러운 차림은 하지 마. 남에게 알랑거리지 말란 말이야. 나는 드레스 코드가 있다는 말을 들은 그 순간에 딱 잘라 거절했어."

호리에 다카후미는 정말 좋아하는 일이 아니면 하지 않는다. 최근에는 축제에 가거나, 고기를 먹거나, 트라이애슬론을 하는 등 그야말로 노는 일밖에 생각하지 않는다. 회사에서도, 돈에서도, 상식에서도 자유롭다. 끈이 끊어진 연처럼 바람이 부는 대로 날아다닌다.

기술의 변화가 전에 없이 빠른 세상에서 지금껏 존재하던 규칙과 틀은 금방이라도 시대에 뒤처지고 만다. 그러니 과거의 데이터를 올바르게 분석하는 것은 의미가 없다. 이런 시대에는 세 살 어린아이처럼 항상 모든 것을 새롭게 여기며 가볍게 움직이는 사람이 강하다.

눈앞에 있는 것을 본능과 직감을 통해 욕망 그대로 받아들여라. 언제까지 어린아이인 채로 미쳐 날뛸 수 있는지가 중요하다. 꼰대가 되지 마라. '세 살 어린아이 경주'에서 살아남아라.

하고 싶은 것, 생각난 것을
곧장 실행으로 옮길 수 있는
세 살 어린아이는 무적이라 해도 좋다.

따분한 세계에
불을 질러라

학교에서도, 회사에서도, 사회에서도 있어도 없어도 그만인 투명 인간만큼은 되고 싶지 않았다. 고등학교 축구부 시절, 3 대 0으로 우리 팀이 이겨도 공격수인 내가 어시스트를 기록하거나 골을 넣지 못하면 분했다. 하지만 전국대회에 나갈 정도의 강호를 상대해서 10 대 1로 완패했을 때는 도리어 내가 골을 넣어 기뻤다.

고등학교 수업 중에는 책상 위에서 거북을 키웠다. 책상 크기의 수조에 모래와 물을 넣었다. 당연히 교과서나 노트를 올려놓을 자리가 없었다. 수업을 거부한 것도 아니고 창문을 깬 것도 아니다. 다만 독특한 세계관을 통한 자기주장이었다.

대학에 진학한 뒤에는 학생증에 벌거숭이 사진을 썼다. 굳이 발가벗고 증명사진 기계 안에 들어가 사진을 찍었다. 그저 머리가 어떻게 된 대학생이었다.

재미있지도, 특별하지도 않았다. 다만 실력도 갖추지 못한 채 아무것도 할 수 없던 시절부터 '기타 등등'만큼은 되고 싶지 않았다. 'NewsPicks Book' 편집장이라는 자리를 맡고 나서야 그 방법이 조금씩 정착되기 시작했다. 그 목적 또한 아주 조금은 세상을 위한 방향으로 바뀌었다고 생각한다. 하지만 본질은 변함이 없다.

《네오힐즈 재팬》을 창간한 후 요자와 츠바사가 검찰에 송치됐을 때 나는 식은땀을 흘리면서도 '책을 회수하는 소동이 벌어지면 프리미엄이 붙겠지' 하고 생각했다. 회사가 큰 손실을 보든, 내가 회사에서 잘리든 전설은 남는다. 그야말로 최고 아닌가. 그런 식으로 위에서 나를 내려다보며 드라마를 보듯 즐겼다.

일종의 방화범이다. 방화범은 불을 지르고 도망친

후에 구경하는 사람들 사이에 섞여 불타는 현장을 바라본다. 형사 드라마에서 '범인은 반드시 현장으로 돌아온다'는 것과 같다. 자신이 지른 불 때문에 큰 소동이 벌어진 모습을 보고 쾌락에 잠긴다. 어쩌면 이런 심리와 닮았는지도 모른다. 소동을 일으키고 문제를 제기한다. 미치고 선동하여, 젊은 사람을 선도한다.

"일단 모두 함께 논의해야 합니다. 지금은 권위와 니치(niche)로 갈라져 있기에 쌍방이 모두 모여 담론을 나눌 수 있는 장을 만드는 것이 매우 중요한 작업입니다. 예를 들어 'NewsPicks Book'이 잘 팔리는 것은 시대를 논할 수 있는 장이 되어주기 때문입니다. 딱히 그 장에서 정답을 찾지 못해도 상관없습니다. 틀려도 괜찮으니 우선 문제를 제기해야 합니다(오치아이 요이치(落合陽一)《NewsPicks Magazine Vol. 1》인터뷰에서)."

민중은 '올바른 정보'보다 '즐거운 정보'를 바란다. 이것은 에도시대의 가와라반(瓦版)° 시절부터의 진리다. 재미있고 이상하며 자극적인 말을 내뱉는 만담가는 민중의 갈채를 받는다. '올바른 정보'를 사실 그대로 전한다고 사람들이 행복해지는 것은 아니다. '정의'만큼 애매하고 일방적이며 폭주하기 쉬운 것도 없다.

내 주변에는 진짜 재능들이 있다. 진정으로 일본을 짊어지고 바꿀 만한 각오와 능력이 있는 창업가, 아티스트, 작가, 비평가가 있다. 그렇기에 내 역할은 아슬아슬한 선을 따라 걸으면서 불을 질러나가는 것이다. 정의나 진실은 신문기자나 저널리스트가 추구하면 그걸로 족하다. '올바른 것보다 즐거운 것'을 '과격하면서도 애교 있게'. 이것이야말로 나라는 편집자가 해야 할 일이다.

° 찰흙에 글이나 그림을 새긴 후 기와판처럼 구워 배포한 정보지

소동을 일으키고 문제를 제기한다.
미치고 선동하여,
젊은 사람을 선도한다.

제2장

[장사하는 법]

자신의 손으로
돈을 벌어라

회사가 주는 사료를 받아먹는 돼지가 되지 마라. 자신의 손으로, 발로, 머리로 포획물을 사냥하는 늑대가 돼라. 샐러리맨일지라도 경제적, 정신적으로 회사에서 독립하라.

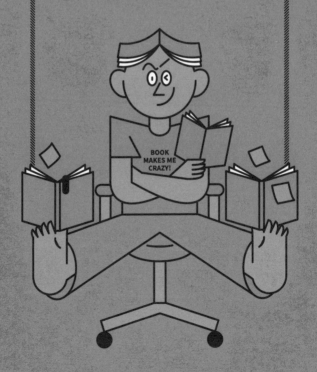

자신에게
얼마짜리
가격표를
붙일 것인가

겐토샤로 이직한 후 편집 일에 빠져들면서 내 하루는 급속도로 바빠지기 시작했다. 편집자의 일은 끝이 없다. 일과 놀이의 경계가 없다. 술을 마시거나 영화를 볼 때도 일하는 중이라 말할 수 있고, 24시간 노는 중이라 말할 수도 있다. 아침부터 다음 날 아침까지 놀듯 일하고 일하듯 논다.

나는 일 년 전까지 사이타마현 도코로자와시 고테사시에 살았다. 무리도 아니었다. 나는 이직한 지 고작 삼 년밖에 안 된 30대 샐러리맨이었다. 아내와 아이가 있으니 방이 최소 두 개는 필요했다. 엄청난 기세로 승진하고 있다고는 하지만, 30대 초반 샐러리맨의 벌이로는 교외에서밖에 살 수 없었다. 이것이 지금을 사는 젊은이들이 당면한 현실이다.

당시 만들던 책에는 '통근 따위에 시간을 버리지 마라'라고 했지만, 실제로는 교외 아파트에 살면서 오랜 시간 만원 전철을 타고 통근해야 했다. 귀가할 때는 막차를 탄 채 한 손에는 츄하이캔을 들고, 다른 손으로 트위터를 하며 한가한 사람들에게 싸움을 걸었다. 꾸벅꾸벅 졸다가 내릴 역을 지나쳐 택시를 기다릴 때는 내 현실이 괴로워 눈물이 날 것만 같았다.

편집자로 일하다 보면 저자에게서 '지금 당장 만나자'는 연락이 올 때가 있다. 문제가 생겼을 수도 있고, 그저 술 한잔하자는 연락일 때도 있다. 문제가 생긴 거라면 누구보다 빨리 달려간다. 별다른 일이 없을 때조차 좋아하는 사람이라면 한달음에 달려가 아침까지 마시고 싶다. 하지만 도쿄 시내까지는 빨라도 두 시간 가까이 걸린다. 이대로라면 내가 바라는 대로 일하기란 불가능하다. 이상과 현실의 간극에서 안달복달하는 것도 한계에 달했다. 나는 도박에 나섰다. 도쿄 시내의 아파트로 이사한 것이다.

월세가 월수입의 3분의 2 이상인 시내의 아파트를 빌렸다. 모아둔 돈이 거의 없었기에 반년쯤 지나면 파산할지도 모른다. 하지만 생각했다. 나는 궁지에 몰리면 반드시 결과를 내는 인간이라고. 회사의 부업 규정 따위는 확인조차 하지 않았다. 지금 스타일 그대로 편집을 계속하기 위해서는 매월 20만 엔을 추가로 벌어야 한다. 그러지 않으면 버틸 수 없다. 선택의 여지 따위는 없었다.

그렇게 마음을 굳게 먹은 순간 무언가가 달라졌다. 그때까지는 성과를 내든, 내지 않든 25일만 되면 월급이 따박따박 들어왔다. 하지만 이제는 내 손으로 돈을 벌어야만 했다. 그러지 않으면 묻고 따질 것도 없이 파산하고 만다.

그러나 나는 도대체 무엇을 해서 돈을 벌 수 있을까. 시장에 노출되고 나서야 처음으로 나 자신의 가격표를 의식하기 시작했다.

우선 내 실적을 팔아서 웹미디어에 기사를 제공할
기회를 얻었다. 기사 한 편에 3만 엔, 편집자 양성
강좌 같은 곳에서 강의를 하면 두 시간에 5만 엔을
벌 수 있었다. 매월 기사 다섯 편을 쓰고, 두 시간씩
떠들면 괜찮을 터였다. 본업으로 좋은 결과를 내다
보니 개인에 대한 의뢰도 늘어났다. 본업에 힘쓰는
한편 틈나는 대로 쉬지 않고 일했다. 그렇게 점차
이름을 알려갔다.

'내가 월정액 5,000엔인 온라인 살롱을 만들면 열
명은 모일지도 모른다. 그렇게 되면 추가로 5만 엔
이 늘어나리라' 그렇게 생각하고 온라인 살롱을 개
설했다. 그러자 순식간에 열 명을 돌파해 이래저래
수백 명까지 늘어났다. 나조차 믿기지 않았다. 베스
트셀러를 출간하고, 이런저런 곳에서 기사를 쓰고,

강의를 하는 사이에 조금씩 팬이 생겨난 것이다. 지난달까지는 필사적으로 수만 엔을 모으고 있었는데 어느덧 수십만 엔까지 수입이 늘어났다.

그러자 이번에는 내가 편집자라기보다는 프로듀서에 가까울지도 모른다는 생각이 들었다. "월 5만 엔을 받고 귀하의 상품을 기획해드립니다"라는 글을 트위터에 남겼다. 한 건이라도 의뢰해온다면 좋겠다고 생각했는데 웬걸, 수십 건이나 되는 문의가 들어왔다. 의뢰를 전부 받을 수는 없어서 단가를 높였다. 지금은 한 시간에 50만 엔까지 올랐다. 결국 사이타마에 살던 때와 비교하면 월수입이 20배 가까이 늘어난 것이다.

하지만 내 실력이 20배가 된 것은 아니다. 내가 한 일은 무모하게 시장에 나가서 내 솜씨 하나로만 돈을 벌어야 하는 상황으로 자신을 몰아넣은 것뿐이다. 하지만 그 순간, 그때까지 우리 안에서 편안하게 살던 내 의식은 달라져버렸다. 내 손으로 먹이를 찾는 법을 알게 됐고, 사냥하는 방식을 습득한 것이다.

아무리 사소한 것이라도 상관없다. 자신의 손으로, 머리로, 발로, 이름으로 돈을 벌어라. 자신의 가격표를 의식하지 않으면 평생 누군가가 먹여주는 돼지로 남을 뿐이다. 돼지가 아닌 굶주린 늑대가 돼라.

“

나는 도대체 무엇을 해서
돈을 벌 수 있을까.
시장에 노출되고 나서야
처음으로 나 자신의
가격표를 의식하기 시작했다.

”

자의식을
높게
가져라

이 글을 쓰는 나는 지금 필리핀에 있다. 필리핀의 골목길에 나가면 현지 사람이 호객도 하고 과일도 팔며 때로는 성(性)을 팔기도 한다. 나는 이런 아시아의 혼돈에 가까운 느낌을 좋아한다. 그들 안에 스며들어 먼지투성이가 되어 걷는다.

선진국에 산다고 해서, 혹은 돈이 있다고 해서 모두가 행복한 건 아니다. 하지만 선진국에서 돈 좀 만지는 삶이 선택지도 많고 자유로운 것 역시 사실이다. 필리핀에서 장사하는 사람은 당장 내일부터 다른 일을 하고 싶어도 그러기가 쉽지 않다. 아니, 애초에 그런 발상조차 하기 어렵다. 외국이 있다는 사실 자체를 몰랐을 무렵의 일본인이 외국에 가고 싶다는 생각을 못 한 것과 마찬가지다. 거기에는 정보 부족이 큰 영향을 끼친다. 세상은 크고 다양하며, 많은 종류의 일이 있다. 하지만 그것을 손으로 만지며 느끼지 못하기에 시도할 엄두조차 내지 못한다.

무언가를 안다는 것은 그만큼 위대하다.

뉴스픽스에 실린 "가상 통화와 기본 소득이 도입되면 세상은 어떻게 변화할 것인가"라는 기사를 읽었다. 그때 세상을 자유롭게 살아가기 위해서는 세계가 앞으로 어디로 나아갈지에 대해 관심을 가져야겠다고 생각했다.

뉴스픽스를 읽거나 각종 강연회에 참석하는 사람을 '저 잘난 맛에 산다'라며 자의식만 높은 사람이라고 비웃는 이들이 있다. 하지만 나는 자의식만큼은 높게 가지라고 말하고 싶다. 세상의 최전선에서 일어나는 움직임에 대해 오감을 갈고닦아야 한다. 의식의 안테나를 꼿꼿이 세워두는 것만으로도 위험을 미연에 방지할 수 있다. 위기를 기회로 바꿀수 있다.

나도 사회인이 된 후 얼마 지나지 않았을 때는 나 잘난 맛에 살았다. 내가 지금 함께 일하는 겐조 도루, 아키모토 야스시(秋元康)°, 호리에 다카후미 같은 사람들이 출연하는 방송이나 서적, 기사를 하나도 빠짐없이 읽었다. 선배 편집자인 사도시마 요헤이(佐渡島庸平)나 사사키 노리히코(佐々木紀彦)와는 지금이야 잘난 척 어깨를 나란히 하지만, 얼마 전까지만 해도 이들의 강연회가 열리면 빼놓지 않고 얼굴을 내밀었다.

물론 나 역시 이렇게 얻은 지식을 곧장 어딘가에 구체적으로 살리지는 못했다. 바깥에서 보면 자의식만 높고 출셋길에는 오르지 못한, 별 볼일 없는 젊은이였을 것이다.

하지만 어느 시점이 되어 둑이 터지듯, 그때까지 축적해온 지식과 정보가 연결되기 시작했다. 그런 것

일본의 방송 작가, 작사가, 프로듀서. AKB48을 기획한 것으로 유명함

들이 내 아이디어가 되어 흘러넘쳤으며, 이윽고 행동으로 이어졌다. 내가 기획한 책이나 상품을 보면 내가 끊임없이 새로운 것을 떠올리는 사람처럼 보일 것이다. 하지만 이것은 그 무렵에 여러 정보를 철저히 흡수한 덕분이다.

그래서 비즈니스 책을 읽어도 아무런 의미가 없다거나 '강연회 따위에 갈 여유가 있다면 그 시간에 차라리 일하라'는 말을 들을 때마다 반론한다. 실제로 손을 움직이는 쪽이 가치 있는 건 사실이지만, 앞으로 세상이 어디로 향할지를 알아두는 것도 매우 중요하다. 특히 최근에는 이런 상황이 더욱 두드러진다. '안다'와 '모른다' 사이에 말도 안 되게 드넓은 강이 흐르고 있다.

'NewsPicks Book'이 제아무리 많이 팔려도 세상의 많은 사람은 마에다 유지나 사토 가쓰아키를 모

른다. 호리에 다카후미와 오치아이 요이치를 〈선데이 자퐁(サンデー・ジャポン)〉°에 나오는 사람 정도로만 인지할 것이다.

스마트폰에 의해 세상은 단절됐다. 전처럼 가족이 모여 텔레비전 앞에서 드라마를 보거나, 회사나 학교에서 어제 본 방송에 관해 이야기하는 일은 사라졌다. 지금 사람들은 스마트폰이라는 소우주 안에 살고 있다. 스마트폰은 소유자가 보고 싶어 하는 것밖에 보여주지 않는다. 게임을 좋아하는 사람에게는 게임을, 가십을 좋아하는 사람에게는 가십을. 그렇기에 바보는 점점 더 바보가 된다.

필리핀에서 과일을 파는 상인과 일본인 사이에 있는 정보격차가 일본인 사이에서도 존재한다. 풍요로운 나라에 살면서 온 세상의 모든 정보를 알 수 있는 스마트폰이라는 도구를 가졌음에도, 자의식

일본 TBS 방송사의 정보 와이드 쇼로
매주 일요일에 생방송됨

이 너무 강하다며 타인을 비웃고, 무언가를 아는 것에 대해 경원시하는 우매한 사람이 되어서는 안 된다.

스마트폰 게임으로 인생을 소비하지 마라. 알고 있다는 것이 언젠가 반드시 무기가 된다. 단절된 세상이기에 더욱더 정보를 받아들이고 지식을 포획하라. 자의식만큼은 높게 가져라.

"

세상의 최전선에서
일어나는 움직임에
오감을 갈고닦아야 한다.
의식의 안테나를
꼿꼿이 세워두는 것만으로도
위기를 기회로 바꿀 수 있다.

"

아무도
걷지 않는
미개척지를
걸어라

젠토샤의 사원으로서 뉴스픽스나 캠프파이어 (CAMPFIRE)° 같은 최첨단 기업들과 새로운 일을 벌이고, 개인으로서 온라인 살롱인 '미노와 편집실'을 운영하며 멤버 1,300명을 모았다. 기획도 10건 이상 손을 대는 중이다. 미디어에서는 '새롭게 일하는 법'이라며 내 활동을 다룬다. 그것을 보고 사람들은 "젠토샤는 자유로운 회사라서 부럽다", "젠토샤가 인터넷에 강한 회사라 덕을 봤다", "겐조 도루 같은 사장 밑에서 일하고 싶다"라고 말한다.

좋다. 여기서 확실히 말해두겠다. 그렇게 세상이 마음먹은 대로 술술 풀리리라 생각하는 사람은 어디를 가더라도 쓸모없는 존재에 불과하다.

분명 젠토샤 사장인 겐조 도루의 빠른 결단력과 관대함 덕분에 나는 하고 싶은 대로 마음껏 활개 칠 수 있었다. 하지만 내가 그저 회사 덕만 보았을 뿐

일본의 대표적인 클라우드 펀딩 서비스

실제로는 아무것도 한 일이 없다고 생각하는 사람은 무언가 큰 착각을 하고 있는 것이다.

내가 입사하기 전까지 "겐토샤는 인터넷과 친근하고 자유로운 회사"라는 이미지가 없었다. 회사에 다니며 가볍게 부업을 할 수 있는 분위기도 아니었다. 회사의 중심에는 겐조 도루라는 왕이 군림하고 있으며, 겐조 도루의 수하인 문예 편집자가 압도적인 집중력으로 문예 소설을 편집하는 스파르타식 회사였다.

입사한 첫날에는 '방금 여기서 살인 사건이라도 일어난 게 아닐까?' 싶을 만큼 긴장감이 흘러 적응하기도 어려웠다. '겐토샤(幻冬舎)의 샤(舎)는 사제(舎弟)°를 의미한다'라는 농담까지 있을 정도다.

그런 겐토샤에 들어간 후 나는 '내가 아니면 할 수

없는 일은 무엇인가'를 아침부터 밤까지 고민했다. 그 일로 기치를 내걸 수 있다면 '편집자 미노와 고스케'라는 고유명사를 브랜드화할 수 있다. 내가 입사함으로써 결정적으로 달라지는 무언가를 만들어내지 못하면 내 존재 가치는 없다.

겐토샤는 본래 문예와 예능 저널로 브랜드를 쌓아왔다. 그 분야에서 어설픈 결과를 낸다고 해도 아무런 의미가 없을 것 같았다. 꼼꼼히 살펴보니 겐토샤는 의외로 비즈니스 서적 분야에서는 그다지 강점이 없었다. 그래서 나는 경제 뉴스 앱인 뉴스픽스와 협정을 맺고 'NewsPicks Book'이라는 새로운 레이블을 설립하게 된 것이다.

호리에 다카후미의 『다동력』을 시작으로 매월 한 권의 신작 비즈니스 서적을 출간한다는 무모한 계획을 실행으로 옮겼다. 쇼룸 사장인 마에다 유지의 『인생의 승산(人生の勝算)』, 미탭스(METAPS) 사장인 사토 가쓰아키의 『MONEY 2.0』, 오치아이 요이치의 『일본 재흥 전략(日本再興戦略)』 등 'NewsPicks Book'은 베스트셀러를 만드는 데 연이어 성공했다.

새벽 3시에 출근해서 6시에 원고를 넘긴다. 콘티를 짜는 일이나 메일에 대한 답변은 택시 안에서 해결한다. 폭풍과도 같은 일정 속에서 창간 일 년 만에 100만 부를 돌파했다. '비즈니스 서적 연간 랭킹 10위' 안에 네 권이 포함되면서 지금은 '비즈니스 서적 하면 겐토샤'라는 말을 듣게 된 것이다.

인터넷을 완벽하게 구사하는 편집자도 내가 처음이라 자부한다. 인플루언서가 책을 광고해주면 아마존의 재고가 바닥날 정도로 팔려나가는 세상이다. 그러면 편집자 본인이 인플루언서가 되면 그야말로 최강 아닌가. '커뮤니티를 만드는 것이 향후 편집자의 일이 될 테니 편집자도 온라인 살롱을 운영해야 한다. 책이 아닌 다른 것을 기획하는 일이 편집자의 무기가 된다.' 이런 가설을 세운 후 회사에 설명했다. 그리고 말뿐만이 아닌 숫자로 보여줬다.

결과만 보고 "겐토샤는 자유로우니까 가능한 일이다"라고 무시하듯 말하는 동업자를 보면 기가 막혀서 아무 말도 나오지 않는다. 참고로 겐토샤에 입사했을 때 내 트위터의 팔로워는 1,000명도 되지 않았다. 나보다 트위터를 훨씬 잘 활용하는 출판인은 썩어날 정도로 많았다. 하지만 나는 단번에 몰아쳐서 결과를 만들어냈다. 곁에서 볼 때는 그저 운이 좋아서 잘 풀린 것처럼 보일지 몰라도 실제로는 꾸준히 노력한 결과다.

모든 것은 하나의 선 위에 놓여 있다. 다른 사람은 알지 못하는 미개척지에 길을 만들면 그 사람은 '개척자'로서 역사에 이름을 남길 수 있다. 달에 처음으로 착륙한 닐 암스트롱(Neil Armstrong)은 "이 첫걸음은 한 인간에게는 작은 발걸음이지만, 인류 전체에게는 위대한 한 걸음이다"라는 명언을 남겼다. 하지만 결과가 나오기 전까지는 그야말로 보잘것 없는 일이다. 아무도 봐주지 않는다. 결과가 나온다고 해도 "운이 좋았을 뿐", "좋은 환경에 있었을 뿐"이라는 말을 듣는다.

하지만 신경 쓰지 마라. 그렇게 말하도록 내버려둬라. 자신만이 이 고통과, 고통 없이는 맛보지 못하는 지고의 쾌락을 독점하면 된다. 아무도 걷지 않는 미개척지를 걸어라.

"
내가 입사함으로써
결정적으로 달라지는
무언가를 만들어내지 못하면
내 존재 가치는 없다.

"

돈과 감정을
통제하라

부업 금지 규정 같은 건 따로 확인할 필요도 없다. 자신이 할 수 있는 만큼 부업을 하라. 이렇게 말해도 '당신처럼 그런 식으로 일할 수는 없어'라고 생각하는 사람이 많으리라.

겐토샤는 부업을 하는 샐러리맨이 많은 회사가 아니다. 나는 궁지에 몰린 결과, 개인적으로도 돈을 벌지 않을 수 없었을 뿐이다.

기본적으로 회사는 물론 인간도 '돈'과 '감정'에 따라 움직인다. 이 두 가지를 제대로 통제할 수 있으면 겉으로는 꽉 막힌 것 같은 회사에서도 전례를 바꿔나갈 수 있다.

온라인 살롱 '미노와 편집실'은 사후 승낙을 받았다. 이래저래 수백 명이 모여 월급의 10배가 넘는 회비가 들어왔다. '이건 그냥 부업이라고 할 만한 수준이 아니네. 회사에는 어떻게 설명하지?' 기지를 발휘해야 했다. 겐조 사장에게 '미노와 편집실'은 겐토샤에도 큰 장점이 될 수 있음을 읍소했다. 자기만족만으로는 사람은 물론 회사도 움직여주지 않는다.

뉴스픽스나 캠프파이어와의 협업 등 대형 프로젝트는 회사 단위로밖에 진행할 수 없다. 서점 유통이나 서적 배송 등 아날로그 인프라를 스타트업 기업이 처음부터 만드는 것은 비효율적이기 때문이다. 겐토샤에는 이십오 년 이상 출판계의 선봉 주자로서 달려온 브랜드와 인프라가 있다. 종이와 인터넷, 아날로그와 디지털, 보편과 최첨단. 이런 규모의 조합은 회사가 아니면 만들 수 없다.

하지만 혁신은 언제나 변방에서 태어난다. 특이한 것을 좋아하는 젊은이가 구석에서 장난처럼 하던 일이 언젠가 체제를 흔들게 된다. 반면 회사라는 것은 사원을 먹여 살려야 하기에 눈앞에 있는 이익을 좇지 않을 수 없다. '재미있고' '가능성도 있을' 것 같지만 돈을 벌 수 있을지 불확실한 것에는 좀처럼 도전하지 못한다. 그렇게 새로운 숨결을 흘려 넘기는 사이에 세계의 어딘가에서 작은 혁신이 일어난다. 그들은 외세가 침략하듯 함선을 타고 기존 체제를 공격한다. 그렇게 되면 이미 때는 늦다. 잡아먹히고 마는 것이다.

나는 말했다. "조만간 온라인 살롱이라는 새로운 흐름이 분명히 생겨날 것입니다. 출판계에서 그건 외세의 침략에 비견될 겁니다. 하지만 회사 단위로 운영하기에는 아직 그 규모가 크지 않고, 실행할 수 있는 일도 그다지 많지 않습니다. 그래서 제가 플레이어로 나서서 시행착오를 겪으며 식견을 쌓아보고자 합니다. 외세의 함선이 들이닥칠 때 잘 살펴보니 배의 운전대를 잡고 있는 사람이 미노와라는 사실을 알게 되면 그야말로 최고 아니겠습니까!" 겐조 사장은 '참 속 편한 녀석이군'이라고 생각한 듯, "그렇군. 자네 말이 맞네" 하고 웃어줬다.

실제로 그로부터 일 년이 지나 온라인 살롱은 하나의 흐름이 됐다. 지금은 다양한 저자가 빠짐없이 온라인 살롱을 개설하고 있다. 이런 상황에서 온라인 살롱을 직접 운영할 수 있는 출판사 사원은 일본에서 나밖에 없다. 회사원이라는 핑계로 움직이지 않았다면 불가능한 일이다. 나의 이런 경험은 겐토샤에도 큰 자산이 됐으며, 이를 통해 앞으로 돈을 벌 기회는 더욱 많아질 것이다.

지금 미노와 편집실은 'NewsPicks Book'의 서점 캠페인용 패널을 디자인하고, 겐토샤의 책을 사들여 판매하기도 한다. 이렇게 겐토샤의 비즈니스에

중요한 일부가 되어가는 중이다. 나 혼자 회사 밖에서 돈을 버는 것이 아니다. 회사에 이익과 식견을 돌려준다. 야쿠자와 마루보(マル暴)°같이 진흙탕 속에서 한 몸처럼 서로를 도와주는 관계가 되는 것이 이상적이라 하겠다.

하지만 인간은 감정에 따라 움직이는 생물이다. 아무리 돈으로 공헌한다고 해도 건방진 인간에게는 아무도 협력하지 않는다. 오히려 반감을 살 뿐이다. 나도 사실 그렇게 뛰어난 편은 아니지만, 프로젝트를 진행하는 사람들이 나와 같은 배를 타고 있다고 느끼도록 주의를 기울이고 있다.

내가 벌이는 일에 협력하는 사원은 좋든 싫든 누구보다 가혹한 처지에 놓인다. 그렇기에 나 자신이 먼저 땀 흘리고 일하며 제대로 감사를 표한다. 문제가 일어났을 때는 앞장서서 나선다. 가끔은 귀여운

° 마루보는 야쿠자를 담당하는 형사를 일컫는 말로 야쿠자의 뒤를 봐주기도 함

미소도 보여준다. '이 녀석이라면 협력해도 괜찮겠
군' 하는 생각이 들도록 말이다. 자신이 다니는 회
사 안에서 동료와 싸우려 드는 사람이 많은데, 그건
큰 착각이다. 싸울 대상은 회사 밖에 있다. 자유로
워지고 싶다면 '돈'과 '감정'을 통제하고 회사와는
진흙탕 같은 관계가 돼라.

"

회사를 이용하고
회사에 보답하라.
회사와는 진흙탕 같은
관계가 돼라.

"

사원을
노예처럼 여기는
회사는 버려라

회사에 다니면서도 개인으로서 자유를 손에 넣기 위해서는 '돈'과 '감정'을 통제하는 능력이 필요하다. 하지만 회사가 그것을 방해한다면, 그런 회사는 지금 당장 버려라.

방에 아이를 가둬둔 채 바깥세상과 단절시키면 아이는 밖에 나가는 것조차 무서워하게 된다. 방에 틀어박혀 지내며 부모에게 대들 뿐이다. 아이든, 회사원이든 성장시키고 싶다면 끊임없이 바깥으로 내보내야 한다.

공무원이라면 또 모르지만, 일반 민간 기업이 취업 규칙으로 부업을 금지하는 것은 의미 없는 것이다. 법률은 부업 금지를 인정하지 않는다. 회사는 사원의 인생을 통째로 책임져주지 않는다. 갑자기 연봉이 줄어들 때도 있고 명예퇴직을 당할 수도 있다. 내일 당장 회사가 망할지도 모른다. 그런 불확실한 조직이 근무시간 외에 개인적인 시간까지 속박할 권리를 가질 수는 없다.

부업을 금지하는 회사의 경영자는 사원을 자신의 노예라고 생각하는 것이다. 이런 회사는 스스로의 좁은 시야에 갇혀 언젠가 시대에 뒤떨어지고 만다.

인터넷이 출현하면서 직업이나 직종에 따른 종(縱) 적인 벽은 점점 소멸하고 있다. 만약 자동 운전이 도입되면 자동차의 운전대가 사라질 것이다. 자동 차는 '달리는 집'이 될지 모른다. 그러면 자동차 업 계, 건설 업계, 부동산 업계는 그 경계가 사라진다.

5G가 전면적으로 도입되면 스트레스 없이 화상회 의를 할 수 있다. 이동 중에도 어디서든 일할 수 있 다. 애초에 '이동'이라는 개념 자체가 없어질 것이 다. 그러면 회사에서 가깝다는 이유로 집을 고를 이

유도 사라진다.

지방의 가치도 오른다. 사람들은 살기 좋은 기후와 음식이 맛있는 지방에서 살고자 할 것이다. 따라서 지방에 숨겨진 자산을 재발견하는 콘텐츠와 서비스가 필요해진다. 이처럼 자동 운전, 5G라는 기술혁신만 봐도 각 업계에 무한한 변화가 생겨나 횡(橫)적인 관계에서 연동이 일어난다.

이런 와중에 쇄국정책을 실시했던 에도 막부처럼 자신만의 항아리에 틀어박혀, 하나의 비즈니스 모델만 고집한다면 세계와 테크놀로지의 격심한 변화에 결코 대응할 수 없다.

메이지유신 시절에 용기를 내서 미국이나 유럽에 건너간 유학생 같은 존재를 얼마나 많이 양성할 수 있는지가 경영자의 힘이자 회사의 가능성이 된다.

이와쿠라 사절단(岩倉使節団)°과 동행하며 세계를 본 젊은 유학생들이 그 후 문명의 개화에 공헌했다. 회사가 계속해서 혁신을 거듭하기 위해서는 사원을 점점 바깥으로 내보내는 수밖에 없다.

나는 현재 열 곳이 넘는 기업, 단체와 기획 계약을 맺고 있다. 다양한 업계의 선두 주자들과 일상적으로 접촉함으로써 비즈니스 최전선에서 일어나는 움직임을 피부로 느낀다. 다른 업계에서 일하는 사람에게서 조언을 얻고 출판 업계가 앞으로 어떻게 될지 그 흐름을 읽는다.

새로운 비즈니스를 만드는 데에 무엇보다 중요한 것은 인재다. 나는 텔레비전, 음악, IT, 광고 등 다양한 업계의 주요 인물들과 같이 일하기 때문에 출판을 넘어선 비즈니스를 만들 때 곧장 상담할 수 있다.

메이지유신기에 특명전권대사인 이와쿠라 도모미를 필두로 유럽과 미국에 파견한 대규모 사절단

난세에 살아남는 곳은 자유롭게 부업을 해도 좋다
며 사원을 방목하는 조직이다. 변화가 빠른 시대에
는 다양성이 힘이 된다. 어떤 능력이 쓸모 있을지는
알 수 없다. 사원 각자가 바깥에 나가 어디서 굴러
먹은 개 뼈다귀인지 알 수 없는 뼈를 물고 돌아오는
것이 중요하다. 언제 어떤 뼈다귀가 필요해질지 알
수 없기 때문이다.

부업을 금지하는 회사나 경영자는 세상에 대해 아
무것도 모른다. 그런 시대착오적인 명령에 유유낙
낙 따르는 노예 사원도 이미 끝났다고 볼 수 있다.
도긴개긴이다. 경직된 조직에서 노예노동을 하다
보면 사원은 물론 조직도 시대에 뒤처지게 되며, 어
느 날 갑자기 공룡처럼 멸종하고 말 것이다.

사원을 속박하는 회사 따위 지금 당장 버리고 바깥
세상으로 뛰어들어라.

브랜드를 벌고
미래를 벌어라

돈을 버는 것만이 전부는 아니다. 의식적으로 돈 이외의 것을 벌고자 노력해야 한다.

나는 샐러리맨으로서의 일을 누구보다 철저히 해내고 있다. 마감 전에는 새벽 3시쯤 회사에 나간다. 혼자뿐인 사무실에서 필사적으로 원고를 고친다. 당연히 졸음이 쏟아진다. 그럴 때는 창문을 열고 차가운 바람을 맞으며 일한다. 다른 사원이 출근할 무렵에는 미팅을 위해 밖으로 나간다. 죽을 만큼 일하기에 시급으로 치면 아르바이트와 크게 다르지 않을 것이다.

온라인 살롱이나 컨설팅 같은 일은 본업 사이사이에 척척 해치운다. 시간으로 보면 짧다. 그런데도 지금은 본업의 20배나 되는 수익을 얻는다. 시급으로 환산하면 놀라 기절할 정도다.

"그렇다면 회사는 그만두는 게 좋지 않나요?"라고 말하는 사람도 있다. 하지만 나는 회사를 그만두지 않는다. 겐토샤 사원으로 일하는 장점과 바깥에서 일하는 장점을 명확히 나누어 생각하기 때문이다.

나는 왜 겐토샤를 그만두지 않을까?

회사라는 조직은 인재, 자본, 인프라를 모두 갖추고 있다. 도쿄 도심의 가장 좋은 땅에 자리 잡은 빌딩에서 책상은 물론 회의실을 공짜로 사용한다. 컴퓨터 사용료나 복사비, 택시비, 택배비, 우편료도 회사가 내준다. 바깥에서 저자와 만날 때 마시는 음료 영수증도 처리해준다. 신간을 내면 영업부가 전국 서점을 돌며 홍보해준다. 디자인팀과 함께 광고를 만들어 신문광고도 낸다. 이것만 해도 수백만 엔이 든다. 프리랜서였다면 모두 본인이 부담해야 할 것들이다.

회사원의 장점은 이것 말고도 많다. 내가 책을 만들면 서점 매대에 일제히 책이 깔린다. 겐토샤가 그간 쌓은 실적과 신뢰가 있기에 가능한 일이다.

그리고 샐러리맨은 위험부담 없이 게임을 할 수 있다. 성공할지 불투명한 비즈니스에 회삿돈으로 모험할 수 있는 것이다. 새로이 내는 책, 혹은 인터넷 기업과의 제휴 등이 성공할지 어떨지는 해보지 않고는 알 수 없다.

가능한 한 성공률을 높이고자 노력하지만, 마지막에는 마음을 굳게 먹고 뛰어드는 수밖에 없다. 있는 힘껏 배트를 휘두른다. 결과적으로 회사가 큰 손해를 입더라도 우리 가족이 길바닥에 나앉을 일은 없다. 반면, 성공하면 그것을 내 실적으로 크게 피력할 수 있다.

겐토샤 사원으로 남아 있는 덕분에 나는 이러한 인프라와 사람, 돈, 신뢰를 이용해 승부할 권리를 갖는다. 이것은 공짜로 들이마시는 공기와도 같다. 수익만 내주면 마음껏 사용할 수 있는 것이다.

또한 회사에서는 혼자서는 결코 해낼 수 없는 속도로 일할 수 있다. 아무리 우수한 프리랜서라도 혼자서는 할 수 없는 일이 있다. 아직 이 나라에서는 대기업 사원이 아니면 하찮은 사람 취급을 받는다. 사내의 기밀을 공유받지 못하고, 의사 결정권도 없으며, 동료나 상사, 부하와 진정으로 결속할 수 없다. 이해관계가 일치하는 사람들과 함께 온 힘을 쏟아부으며 같은 방향으로 향하지 않으면 프로젝트는 성공할 수 없다.

샐러리맨은 이렇게 많은 자산을 이용할 수 있는 것이다. 겐토샤 연봉이 0엔이 된다고 하더라도 나는 겐토샤에 적을 두고 싶다. 아니 오히려 돈을 내도 좋을 정도다. 회사에는 감사한 마음밖에 없다. 회사에 불만만 터뜨리는 샐러리맨을 나는 믿지 않는다.

즉, 나는 겐토샤라는 무대에서 '돈'이 아니라 미노와 고스케라는 '브랜드'를 쌓아가는 중이다. 겐토샤 사원으로서 베스트셀러를 내고 이름을 팖으로써 온라인 살롱의 멤버가 늘어나고 기획 의뢰가 들어온다. 결과적으로 내 이름을 걸고 하는 일이 많아지는 것이다.

휴일에 소고기덮밥집에서 부업으로 아르바이트를 하며 푼돈을 버는 것은 의미가 없다. 그건 시간을 돈과 바꾸는 것에 불과하다. 본업에 힘써서 자신의 힘을 기르는 것이 우선이다. 자신은 이 일로 무엇을 벌고 있는지 명확하게 언어화해야 한다.

나는 겐토샤에서 '브랜드'를 벌고 있다. 한 시간에 50만 엔짜리 컨설팅을 통해서는 '돈'을 번다. 지방 강연으로는 강연료를 받지 않지만 대신 '미래'를 번다. 지방에 동료를 만드는 것이 앞으로 해야 할 일에서 중요한 역할을 담당하기 때문이다.

미래에는 여러 일을 동시에 해내는 것이 당연하게 여겨질 것이다. 하지만 '돈'만 생각하면 다양하고 깊이 있는 경험을 쌓을 수 없다. 돈 이외의 무엇을 벌 것인지 포트폴리오를 짜서 생각하라.

회사라는 무대를 이용해
무엇을 벌고 있는지
명확히 언어화할 수 있어야 한다.

개인으로서 각오를 드러내라

아사히 신문사나 후지 텔레비전의 명함을 으스대며 들이미는 사람이 있다. 회사 직함에 도대체 얼마나 자긍심을 갖는 걸까. 자긍심을 품는 것은 좋다. 그러나 그것은 당신의 가치가 아니다. 간판이나 직함으로 권위를 내세우려는 사람에게서 큰 파도는 치지 않는다. 진정한 신뢰나 인간관계도 쌓을 수 없다. 중요한 것은 '개인으로서 얼마만큼 각오를 드러내느냐'에 있다.

나는 프리랜서 편집자가 아니다. 겐토샤라는 조직에 소속된 회사원이다. 하지만 겐토샤라는 명함에 잘난 척하지 않는다. 그 간판 뒤에 숨으려고도 하지 않는다. 회사는 어디까지나 개인의 집합체이기 때문이다. '이런 말을 하면 위험할 것 같은데' 싶은 의견도 개의치 않고 발언한다. 회사에 미리 의논하지 않으면 안 되는 제안도 그 자리에서 시원하게 수락해버린다. 그러고 나서 회사에 돌아와 죽을힘을 다해 앞뒤 사정을 맞춘다. 회사의 눈치만 살피는 인간에게는 누구도 마음을 열지 않기 때문이다.

2018년, 나는 오치아이 요이치의 신간 『일본 재흥 전략』을 편집하고 출간했다. '인기 미디어 아티스트가 쓴 최고의 걸작입니다. 꼭 한번 읽어보시길 바랍니다. 잘 부탁드립니다' 같은 무난한 말들은 귀에서 귀로 흘러 나갈 뿐이다. 그런 홍보 방식으로는 아무도 손뼉을 쳐주지 않는다.

오치아이 요이치는 완전히 차원이 다른 천재다. 솔직히 말해 담당 편집자인 나도 그가 하는 발언의 의미를 곧바로 이해하지 못할 때가 있다. 바에서 술을 마실 때다. 오치아이 요이치가 핀셋으로 담배를 피웠다. "바에 오는데 왜 핀셋을 가져왔어요?" 하고 물으니, "오히려 제가 물어보고 싶은데요. 미노와 씨는 길바닥에 말벌이 떨어져 있으면 맨손으로 만

지세요?"라는 답변이 돌아왔다. 외계인이다. 대화가 통하지 않는다.

하지만 이런 사차원적인 모습과 압도적인 연구 실적이 간극을 이뤄 오치아이 요이치의 매력이 된다. 오치아이 요이치의 책은 주석이나 참고 문헌을 보면서 읽지 않으면 완벽하게 이해되지 않는다. 그런 그의 책이 엄청난 베스트셀러가 됐다. 왜? 어떤 의미로 '패션'이 됐기 때문이다. 그가 사는 방식과 언어 감각, '요지 야마모토'를 입은 모습은 지금 젊은 이들에게 가장 멋져 보이는 대상이다.

내가 운영하는 온라인 상점 '미노와 서점'에서 오치아이 요이치의 신간 『디지털 네이처 : 생태계를 움직이는 범신화한 계산기를 통한 와비와 사비(デジタルネイチャー:生態系を為す汎神化した計算機による侘と寂)』를 팔 때 다음과 같은 문장을 달았다.

"그야말로 나조차 알 수 없다. 오치아이 요이치는 패션이다. 하지만 세상은 패션이 아니면 바꿀 수 없다."그랬더니 정가 2,800엔의 난해한 학술서가 하룻밤 만에 200권이나 팔렸다. '난해한 부분이 많지만 오치아이 요이치의 말에는 중독성이 있다. 그의 남다른 감각이 좋다'라고 생각하는 독자의 마음에 가닿은 것이다.

회사원으로서 편집자는 작가 선생님의 기분을 해치거나 회사에 해를 끼칠까 봐 두려워 무난한 발언밖에 하지 못한다. 광고 회사 사원이 도요타나 혼다가 새로운 차를 출시할 때마다 "솔직히 이번 차는 이전 모델과 큰 차이가 없습니다"라고는 목에 칼이 들어와도 말할 수 없는 것과 같다. 마음속으로는 그렇게 생각해도 애써 꾹 삼키는 것이다.

그러나 나는 그것을 입에 담는다. "호리에 씨의 책

은 세상에 떠도는 호리에 씨의 발언을 전부 모아놓은 것에 불과하다. 『다동력』도 거의 내가 썼다"라고 말해버린다. 이런 내 발언은 인터넷 뉴스에 소개되어 크게 보도됐다. 하지만 그렇다고 해서 책의 가치가 내려가거나 독자가 도망치지 않는다. 호리에다카후미도 화를 내지 않았다. 소비자는 회사나 어른의 사정에 따라 나오는 말에 움직이지 않기 때문이다. 오히려 한 꺼풀 벗긴 진실을 찾을 뿐이다.

예산이 얼마나 들지 알 수 없는 기획이라도 나는 그 자리에서 "해봅시다"라고 곧장 승낙한다. "회사에 돌아가서 선배들과 상담해보겠습니다"라고는 절대 말하지 않는다. 아무리 일개 회사원이라도 개인으로서의 각오를 드러내야만 상대가 신용해주기 때문이다. 누군가가 당신에게 사랑을 고백했을 때 "엄마랑 한번 상의해볼게"라고 대답하면 완전히 정이 떨어지는 것과 같다. 문제가 일어났을 때 "윗분들과 논의해보겠습니다"라고 말하지 않고 "제가 어떻게든 할 수 있으니 걱정하지 마세요"라고 말한다. 나중에 어떻게든 앞뒤 사정을 맞추면 그만이니까.

'얼마만큼의 각오를 지니고 있는가', 상대는 그것만을 본다. 회사의 간판 따위 상관없이 개인으로서 살고 있는지를 묻는 것이다.

"

회사의 간판 뒤에 숨지 마라.
돌아갈 곳이 있는 인간에게
사람들은 열광하지 않는다.

"

제3장

[개인을 세우는 법]

이름을
팔아라

자신이 어떤 사람인지, 무슨 일을 하는지 명확하게 답할 수 있는 인간이 돼라. 자신의 이름을 팔아라. 브랜드에 사람과 돈이 따라온다. 처음에는 허세여도 좋다. 허세를 부리며 전설을 만들어라.

히어로
인터뷰를
상상하라

실력만 키우면 대단한 사람이 될 수 있으리라는 안이한 생각은 버리는 것이 좋다. 실력 있는 사람은 세상에 쓸어버릴 만큼 많다. 상위 1퍼센트의 진짜 천재 외에는 전부 대체할 수 있다. '실력보다 평판', '매출보다 전설'. 극단적으로 말하면 그런 남다른 삶의 방식이 사람들을 매료시킨다. 나보다 편집 기술이 뛰어난 편집자는 얼마든지 있다. 하지만 흐름을 만들고 열광을 빚어낼 수 있는 사람은 거의 없다고 해도 좋다.

자신의 손으로 새로운 현상을 일으키는 인간이 되기 위해서는, 결과를 남기는 동시에 스스로 전설을 쌓아 올려야 한다. '브랜드'에 사람도, 돈도 따라온다. 그것을 보고 눈에 띄고 싶어 하는 사람이라며 야유하는 사람은 진심을 담아서 일한 적이 없는 응석꾸러기일 뿐이다.

AKB48을 보라! 노래와 춤에 온 정열을 쏟는다. 그 많은 사람 사이에서 어떻게 하면 눈에 띌 수 있을지 모두가 전략을 짜서 싸우고 있다. 남과 다르게 차별화된 인상을 주고자 노력한다. ○○한 영업맨. ○○한 디자이너. 뭐든 상관없지만 ○○이라는 표현이 자신과 다른 사람을 나눈다. 실력만으로 나뉘는 것이 결코 아니다.

메이저리거들은 시합에서 활약해 히어로 인터뷰°를 하는 자신을 미리 상상해본다고 한다. 나 역시 그랬다. 갓 편집자가 되고, 아무도 나에 대해 모르던 시절부터 '미디어와 인터뷰하는 나'를 상상하며 혼자 히죽거렸다.

요자와 츠바사의《네오힐즈 재팬》을 만들 무렵, 표지 사진을 레슬리 키가 촬영하느냐 마느냐로 공방전이 벌어졌을 때, 나는 식은땀을 흘리면서도 '이

일에 얽힌 뒷이야기는 잡지의 기삿거리가 되겠어'
라며 기뻐했다.

《KAMINOGE》는 격투기나 하위문화를 다루며,
무대 뒤에서 벌어지는 내막을 파고드는 잡지다.
《KAMINOGE》라면 이런 류의 이야기를 좋아하리
라는 생각에 레슬리 키의 촬영이 끝나자마자 편집
부에 메일을 보냈다. 그러자 "그 이야기라면 빨리
들어보고 싶네요"라는 답변이 돌아왔고, 그 뒤 나
는 '젊고 빠른 프로듀서'라는 제목으로 8페이지에
달하는 인터뷰에 소개됐다.

《KAMINOGE》는 마니아들이 주로 보는 잡지이지
만, 텔레비전 프로듀서나 편집자 등 관련 업계 사람
들 중에도 팬이 많다. 그 후 '젊고 빠른 프로듀서'로
이름을 알린 덕분에 일과 인간관계도 점점 늘어날
수 있었다.

겐조 도루의 『전설이 파는 법』을 만들 때도 그랬다. 단행본을 한 권도 만든 적 없는 신입 편집자가 전설적인 편집자 겐조 도루에게 편지를 보내 집필 의뢰를 한 후 한 권의 베스트셀러를 만들었다는 스토리는 분명 기삿거리가 된다. 그렇게 확신하면서 SNS로 그 내용을 떠들었더니 예상대로 '거물을 설득하는 방법'에 대해 몇 번이나 인터뷰 의뢰가 들어왔다. 그 무렵에는 단발성 연예인처럼 다양한 미디어에 얼굴을 내밀었고, 점차 '거물을 설득하는 젊은 편집자'로 유명해지기 시작했다.

나는 자주 후배나 미노와 편집실 멤버들에게 "자신의 이름을 남기는 것까지가 일이다"라고 말한다. 내가 운영하는 미노와 편집실은 아키모토 야스시, 겐조 도루, 후지타 스스무(藤田晋)° 등 쟁쟁한 게스트가 참가하는 1,000명 규모의 이벤트를 주재한 바 있다. 처음 여는 대형 행사로 예상치 못한 문제가 연이어 발생하면서, 멤버들은 잠도 자지 않고 쉬지도 못한 채 비틀거리며 일했다.

행사가 성공적으로 마무리되고 나는 팀 리더에게 말했다. "이벤트를 성공시키기까지 얼마나 괴로운 일이 많았는지 지금 당장 블로그에 써라. 아니면 인터뷰를 해서 자신의 이름을 파는 것이 좋아." 이벤트를 능숙하게 개최하는 사람은 얼마든지 있다. '이 일은 꼭 그 사람에게 맡기고 싶다'라는 마음이 들게 하라. 그런 존재가 되지 못하면 의미가 없다. 히어로 인터뷰까지 완벽히 준비한 후, 거기서 미래에 크게 남을 전설을 말해야 한다.

역설적이긴 하지만 히어로 인터뷰까지 상정하고 일하면 어설픈 수준의 일은 할 수 없다. 행동 하나하나가 달라진다. 그리고 그것이 실제로 전설을 불러일으키는 것이다. 전설을 남기는 것까지가 일이다.

부끄러움을
사고
피를 흘려라

트위터 팔로워가 4만 명이 넘어가자 거리에서 말을 거는 사람이 생겨났다. '편집자는 구로코(黒子)'°라고 생각하는 동업자로부터 '연예인이 되고 싶어 안달 난 편집자'라는 험담을 들었다.

나는 사 년여 전 광고영업부에서 편집부로 이동한 후 처음으로 트위터의 가능성을 깨달았다. 편집자가 책을 파는 수단은 많지 않다. 서점에 깔리면 그걸로 끝이다. 그 후에는 손을 모아 책이 잘 팔리기를 기도하는 게 전부다. 그 결과, 대다수의 책은 누구의 눈에도 띄지 못한 채 그대로 반품되고 만다. 선배 편집자들은 크게 안타까워하지도 않고 "책이 안 팔리는 시대다", "내용은 좋은데"라고 조그맣게 중얼거리며 회사 경비로 술을 마신다.

그 광경을 보고 너무 한심하다고 생각했다. 나는 팔릴지, 안 팔릴지 내 손으로 제대로 관여하고 싶었

가부키 등에서 검은 옷을 입고 배우 뒤에서 연기를 돕는 사람. 숨은 조력자를 의미한다.

다. 결과가 어떻든 그저 신에게 바라고만 있고 싶지는 않다. 하지만 광고는 돈이 들고, 텔레비전 쪽으로 이어지는 끈도 없다. 이제 막 편집자가 된 나는 SNS에 기댈 수밖에 없었다.

트위터에서 내가 만든 책을 유명 인플루언서가 언급하면 실제로 아마존 판매 순위가 올랐다. 한 권이라도 더 팔고 싶던 나는 어떻게 하면 인플루언서들이 내 책에 관해 언급할 수 있을지 밤낮으로 고민했다. 스마트폰을 붙잡고, 낚시꾼들이 찌가 움직이기를 기다리듯 24시간 체제로 인플루언서들의 움직임을 관찰했다. 그들이 어떤 화제에 대해 리트윗하는지, 활동하는 시간대와 트윗 수를 기록했다.

그리고 깨달았다. '내가 인플루언서가 되면 그야말로 최고 아닌가?' 물건이 넘쳐나는 시대, 그야말로 물건을 고르는 일 자체에 지치고 만다. 자기가 신뢰하는 사람이 추천하는 물건을 고르는 것이 지금 시대에는 필연적인 방식이 되어간다. 그러니 인플루언서의 힘은 점점 커질 수밖에 없는 것이다.

앞으로 물건을 고르는 기준은 '이야기'가 될 것이다. 싸고 좋은 물건은 넘쳐난다. 기능적인 티셔츠는 유니클로로 충분하다. 굳이 티셔츠를 골라서 사는 이유는 티셔츠를 만든 디자이너의 삶이 마음에 들거나, 그것이 어떤 메시지를 대변하고 있어서다.

특히 책 같은 콘텐츠는 기능이나 가격만 보고는 고를 수 없다. 그 속에 어떤 마음이 담겼는지, 누가 편집했는지가 그 책을 고르는 기준이 된다. 츠타야의 영화 코너에서 감독명으로 DVD를 분류하듯 앞으로는 서점에서도 편집자 이름으로 책을 나열하게 될지 모른다. 그렇게 생각했다. '미노와가 편집한 책이라면 믿고 살 수 있어' 하는 존재가 된다.

그래서 트위터를 통해 책을 선전하기만 하는 게 아니라 내 인간성과 인생도 그대로 드러내고자 마음 먹었다. '미노와가 사는 방식이 마음에 들고 그에게 공감한다. 그러니까 그가 편집한 책을 읽고 싶다.' 그렇게 만들 수밖에 없다고 확신했다.

해보면 알겠지만 팔로워는 그렇게 간단히 늘지 않는다. 트윗에 고유성이 없으면 아무도 팔로우하지 않는다. 그렇기에 다른 사람이 말하지 않을 것 같은 말을 하는 수밖에 없다. 하지만 행동을 동반하지 않은 말은 다들 금방 눈치채고 만다. SNS에서는 거짓말을 할 수 없다. 즉, 누구도 말하지 않는 것을 거짓 없이 말하기 위해서는 남다른 일에 도전해, 남다른 경험을 하고, 누구도 성공시키지 못한 실적을 만들어야 한다. 결국 나는 어떤 사람이고, 어떤 일을 하고 싶고, 지금 어떤 일을 하고 있는가, 자신이라는 사람을 끝까지 파고들어야 한다. 그런 면에서 공감을 얻으면 자연히 팔로워가 늘어나고 비즈니스에서도 열렬한 지지자가 생긴다.

내가 수년 전에 '앞으로는 서점에 편집자 이름을 내건 매대가 만들어질지도 모른다'는 내용으로 칼럼을 썼을 때 누구도 진지하게 받아들이지 않았다. 하지만 지금 전국 서점에는 내 사진으로 장식된 매대에 내가 편집한 책들이 나열되어 있다. 이렇게 되면 얼굴 파는 걸 좋아하는 인간이라고 비판하는 사람이 늘어나고, 만난 적도 없는 사람에게 미움을 사기도 한다. 하지만 '편집자는 구로코'라는 말은 대부분 자신이 피를 흘리지 않기 위해 내뱉는 변명에 지나지 않는다. 저자는 피를 흘리고 있다. 그런데 그 뒤에 서 있는 사람이 자신을 드러내지 않으면 물건 따위 팔 수 없다.

크게
허풍을
떨어라

뉴스픽스, 캠프파이어와의 제휴 사업 등 새로운 회사를 설립하고, 미노와 편집실을 통해 서점과 셰어하우스를 기획하는 일. 출판사 편집자에 불과한 내가 이렇게 다양한 아이디어를 실현해나갈 수 있었던 이유는 무엇일까?

그것은 내가 아무것도 하지 않아서다.

나는 큰 아이디어, 이상적인 세계에 대해 말할 뿐이다. 크고 화려한 깃발을 세운 후 '저기에 보물이 있으니까 저쪽으로 방향을 틀어야 한다'고 외치는 것에 불과하다. 그러면 머리 좋은 사람들과 그 분야를 잘 아는 사람들이 모여들어 지도를 펼친 채 내 아이디어와 내가 그린 세계를 실현하기 위해 궁리한다. 혁신의 최전선에서 '허풍을 떠는 사람'과 '그 허풍을 현실로 만들어주는 사람'이 모여 아이디어는 폭발적인 성과를 낸다.

고등학교 시절, 문화제나 축제의 시기가 다가오면 누구보다 먼저 손을 들고 말도 안 되는 아이디어를 외치는 아이들이 있었다. 이처럼 '허풍을 떠는 사람'이란 이른바 다른 사람에게 '축제에 같이 참여하자'며 부채질하는 사람이다. 허풍의 크기가 클수록 축제의 규모도 커진다. 참가자가 많아지면 많아질수록 축제는 뜨겁고 성대하게 끝을 맺는다.

'허풍을 떠는 사람'은 현실적인 사항에 관해서는 그다지 생각하지 않는다. 성공적인 기획에는 '감정에 따라 움직이는 아티스트'와 '숫자로 움직이는 사이언티스트'가 모두 필요하기 때문이다. 아티스트가 숫자까지 생각하기 시작하면 비즈니스는 크게 폭발할 수 없다. "이거, 분명 재미있을 테니 해보자!"라고 말하는 천진난만한 사람과 "그런데 그걸로 돈을 벌 수 있어?"라고 묻는 냉정한 사람이 모여 현실의 프로젝트는 나아가기 시작한다.

미노와 편집실에는 다양한 멤버가 모여 있다. 그것이 강점이다. 마치 캠핑을 온 기분이다. 고기를 낚는 사람, 요리하는 사람, 술을 마시며 주변을 웃기는 사람 등 여러 멤버가 모여 프로젝트를 진행한다. 나라는 허풍쟁이가 생각나는 대로 떠드는 콘텐츠를 글쓰기팀이 기사로 만들고, PR팀이 널리 퍼뜨리며, 디자인팀이 디자인하고, 경리팀이 수치를 관리한다.

'허풍을 떠는 사람'은 실제로는 아무것도 하지 않는다. 주변을 두근거리게 만들고 휘말리게 하는 것으로 충분하다. 그렇기에 꿈이 큰 바보가 좋다. 그러나 아무것도 갖지 못한 사람이 허풍만 떨어봐야 사람들이 동참할 리가 없다. '이 사람의 프로젝트에 참여하고 싶다', '이 허풍을 진짜로 만드는 한 명이 되어 축제에 참가하고 싶다', 그렇게 생각하게 만드는 힘이 없으면 아무도 따라와주지 않는다.

그렇기에 누구든 처음에는 스스로 허풍을 떨고 스스로 결실을 맺어야 한다. 나 또한 처음에는 내가 떤 허풍을 직접 결과로 만들어냈다. 아무 실적도 없는 신입 편집자가《네오힐즈 재팬》같이 수상한 허풍을 떠들어봤자 아무도 나서주지 않기 때문이다.

그 무렵, 나는 스태프의 경비 정산부터 계약서 작성까지 모든 작업을 혼자서 해치웠다. 처음은 누구에게나 가혹하다. 노를 저어 나아가는 배가 가라앉지 않도록 애쓸 뿐이다. 하지만 그 배를 타고 멀고 먼 보물섬으로 향하는 모습을 분명 누군가는 바라보고 있다.

'허풍을 떠는 사람'이 되고 싶으면 그 사람의 허풍을 실현해주고 싶다는 마음이 들게 해야 한다. 지금까지 그가 행동한 것을 보면 이번에도 반드시 큰 꿈을 보여줄 것이라고 가슴 떨리게 해야 한다. 사람은 돈으로는 움직일 수 없다. 꿈을 보여주는 말과 실행력, 그리고 무엇보다 본인이 즐겁게 즐기는 것이 중요하다.

해적선의 선장처럼 진탕 술만 퍼마시고 있어도 된다. 그러다 갑자기 "저 섬에 보물이 잠들어 있다!"라고 외친다. '이 녀석이 말하는 거니까 정말로 보물이 있겠지, 만약에 없더라도 재미있을 것 같아'라고 생각하게 할 수 있는지가 중요하다. 이 사람을 위해서라면 기꺼이 모여야겠다는 생각을 하게 만들어야 한다.

허풍을 떠는 사람은 아무것도 하지 않는다. 그저 눈을 반짝이며 "보물이 있다!"라고 외쳐라! 승무원에게 꿈을 보여주는 유쾌한 선장이 돼라.

교조가
되어라

나를 두고 광신도를 모으는 비즈니스를 할 뿐이라며 깎아내리는 사람이 많다. "미노와가 만든 책은 신자들이 사고 있을 뿐", "미노와의 온라인 살롱에는 광신도만 모여 있다"라고 말한다.

하지만 오해받을 것을 두려워하지 않고 말하자면, 앞으로의 비즈니스 중 대다수는 종교화될 것이다. 신자를 모으지 못하면 물건을 팔 수 없다. 그 배경으로 꼽을 수 있는 것은 사람이 고독해졌다는 점과 물질적으로 풍요로워졌다는 점이다.

스마트폰이 생겨난 후 사람은 고독해졌다. 스마트폰이라는 소우주 때문에 사람은 자신이 좋아하는 것밖에 보지 않는다. 그 결과, 취향이나 삶의 방식이 무시무시한 기세로 세분화되기 시작했다. 스마트폰에서 고개를 들면 주변에는 자신과는 다른 세계를 사는 사람들뿐이다.

가족이 사이 좋게 모여 텔레비전을 보던 시대, 학교나 회사에 가면 어젯밤 방영한 드라마에 관해 대화를 나누던 시대는 끝났다. 지금은 회사에서 바로 옆자리에 앉은 사람이 무엇을 좋아하는지도 알지 못하는 게 보통이다.

사람은 다양해졌다. 이것은 결코 나쁜 일이 아니다. 하지만 결과적으로 사람은 고독해졌다. 좋아하는 것을 서로 이야기하며 같은 생각을 공유하는 장소가 사라졌기 때문이다.

이 때문에 생겨난 것이 온라인 살롱을 비롯한 인터넷 커뮤니티다. 회사나 학교같이 물리적으로 가까이 있는 사람들과의 커뮤니티가 해체되는 반면, SNS 등 인터넷을 통해 같은 취미나 가치관을 가진 사람과는 거리를 뛰어넘어 쉽게 이어질 수 있다.

내가 운영하는 온라인 살롱 '미노와 편집실'로 말하자면 "죽는 것 말고는 그저 찰과상일 뿐"이라는 슬로건에 공감하는 사람들이 모여 글쓰기, 디자인, 동영상 제작 등 창의적인 활동을 하고 있다. 내 팬클럽이 아니다. 나는 어디까지나 "죽는 것 말고는 찰과상일 뿐"이라는 말을 현실 세계에서 체현하는 상징에 지나지 않는다.

미노와 고스케의 온라인 살롱에 입회하는 시점에서 어느 정도의 공통성이 담보된다. 'NewsPicks Book'을 좋아하고, 새로운 기술을 좋아하며, 어떤 결과물을 만들고 싶어 한다. 그런 가치관을 가진 사람을 회사 안에서는 발견하기 어렵지만 미노와 편집실에는 넘칠 정도로 많다.

온라인 살롱은 무언가 구체적인 물질을 사는 장소가 아니다. 그저 내가 하는 말이나 행동에 공감하는 사람들이 모이는 공간을 제공할 뿐이다. 그러니 밖에서 보면 종교처럼 여겨질지도 모른다.

하지만 앞으로는 모든 종류의 비즈니스가 사상을 팔게 될 것이다. 애플이나 페이스북도 수장인 CEO가 자사의 이념을 정성스레 설명한다. 일본의 ZOZO나 메루카리(Mercari)°도 마찬가지다. 어떤 세계를 실현하고 싶은지, 어떤 생각을 소중히 여기는지를 표명하고 이에 공감하는 사원을 모아 물건을 만들고 고객의 지지를 얻는다. 의식주라는 최소한의 것이 충족되고 삶이 풍족해지면 사람은 물질적인 가치가 아니라 생각에 따라 움직인다.

『놀 줄 아는 그들의 반격』(오바라 가즈히로)에서 소개된 바 있는데, '성취, 쾌락, 몰입, 양호한 인간관계, 의미'의 다섯 가지 욕망 중 고도 경제성장기 사람은 앞의 두 가지를, 지금의 30대 이하는 뒤의 세 가

° 동명의 중고 거래 전문 앱을
  운영 중인 회사

지를 중시한다고 한다. 즉, 전에는 돈을 많이 벌고 비싼 와인으로 미녀와 건배하는 것이 행복이었다면, 지금은 같은 것에 의미를 두는 사람들과 몰입하고 나누는 데서 행복을 느낀다. 그런 사람에게는 아무리 시가총액 세계 1위라고 말해도 공감을 얻을 수 없다. 돈이 아니라 의미에 공감하게 만들고 같은 가치관에 몰입하게 만들어야 한다.

'NewsPicks Book'이나 미노와 편집실은 정보나 물질이 아닌 이상(理想)을 판다. 거기에 공감하는 사람들이 모여 커뮤니티를 이룬다. 주변에서 보면 신자처럼 보일지도 모르지만 반드시 틀리다고도 할 수 없다. 다만 종교와 다른 점은 다양한 의견을 받아들이며 출입이 자유롭다는 것이다.

그저 품질 좋은 물건이나 싼 물건을 만들어도 의미가 없는 시대다. 그런 것들은 이미 한참 전부터 모두 소비될 수 없을 정도로 넘쳐나고 있다. 실현하고 싶은 세계와 가치관을 표명하고 체현한다. 세상의 비판을 받으면서도 그것에 공감해주는 사람들을 끌어들인다. 그런 교조의 힘을 지닌 사람이 앞으로의 시대를 만들어갈 것이다.

돈이 아닌 의미에
공감하게 만들어라.
신자를 모으지 못하면
물건은 팔리지 않는다.

제4장

[일하는 법]

손을
움직여라

압도적으로 많이 움직여라. 전술이나 전략은 그
후에 논해도 좋다. 생각하기 전에 타석에 올라
라. 부끄러움 없이 무대에 올라라. 이야기는 그
후에 떠들어도 좋다.

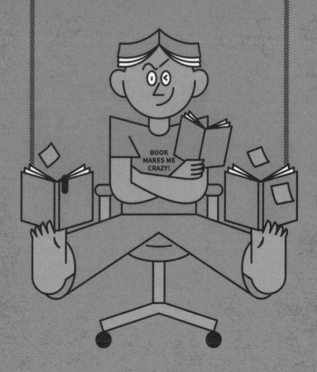

지금
하라

어느 날 겐토샤에서 아르바이트를 하는 친구에게 물었다. "나중에 무슨 일을 하고 싶어?" 그러자 그는 "편집자가 되고 싶어요"라고 말했다. 나는 답했다. "그럼 아르바이트를 그만두고 지금 당장 시작해."

열심히 아르바이트하는 모습을 보여서 사원으로 뽑힌다는 생각은 연공서열과 종신 고용이 가능하던 시절의 발상이다. 그런 생각은 지금 당장 버려야 한다. 안 그래도 사양길인 출판 업계에서 아저씨들의 등만 바라보며 순서를 기다려서는 어느 사이엔가 배와 함께 침몰해버릴 뿐이다. 그렇게 다른 사람에게 바라기만 하고 시대감각이 무딘 사람은 애초에 편집자와 어울리지 않는다. 순서 같은 건 무시하고 완전히 새로운 규칙과 질서를 만드는 것이야말로 앞으로를 살아갈 인간에게 요구되는 일이다.

크리스티아누 호날두같이 되고 싶은 소년이 부지

런히 상급생의 공을 주우러 다니는 것으로는 영원히 크리스티아누 호날두가 될 수 없다. '공 줍기' 경기의 프로를 노리고 있다면 모를까, 그러나 그런 경기는 없다. 일류 축구 선수가 되고 싶다면 누구보다 공을 많이 차는 것 외에는 방법이 없다. 동아리 활동을 하면서 공을 줍는 것, 거기서 흘리는 아름다운 땀방울은 프로가 되는 데 아무런 역할도 하지 못한다. 그 땀이 보답받을 것이라고 믿는다면 안타깝긴 하지만 크나큰 착각이다.

물론 업무론에는 '작은 일을 하지 못하는 사람은 큰일도 할 수 없다', '어떤 일이든 마음을 다하면 대단한 일로 바뀐다'와 같은 가르침이 있다. 하지만 지금 공을 열심히 주우러 다니니까 언젠가는 프로가 될 수 있다는 생각은 안이하다. 실력 위주의 스포츠 세계에서는 당연한 일이다.

앞으로는 비즈니스 세계에서도 마찬가지다. 운동선수처럼 실력주의 사회가 도래한다. 아르바이트로 아무리 많은 복사를 담당해도 프로가 될 수는 없다.

약육강식의 세계에서 가령 편집자가 되고 싶다면 '지금' 하는 수밖에 없다. 편집자 따위 자격도 뭐도 필요 없으니까 지금 당장 호리에 다카후미에게 트윗을 보내 "지금까지의 명언을 정리해서 전자책으로 만들어도 될까요?"라고 물어보는 것이 좋다. 본인이 직접 일을 하지 않아도 책이 완성되는 것이라면 괜찮다고 답할지 모른다. 그렇게 하면 단번에 편집자가 될 수 있다.

일러스트레이터가 되고 싶다면 닥치는 대로 유명인의 트위터 아이콘용 초상화를 그려서 보내면 된다. 누군가 한 명이라도 보고 재미있다며 프로필로

써주면 그게 나중에 일로 이어진다. 중요한 것은 일단 타석에 서는 것이다. 가능한 한 많이 도전하고 실패하며 능숙해져야 한다.

시대가 달라져도 변치 않는 보편적인 것을 배우기 위해서는 가장 밑바닥에서부터 해보는 것이 좋다고 말하는 사람이 있다. 하지만 보편적이라는 것은 현장에서 죽을 각오로 시행착오를 겪다 보면 자연스레 익숙해지는 법이다. 따로 배워야 할 만한 것이 아니다. 특히 지금처럼 변화가 빠른 시대에는 위 세대의 성공 체험이 그다지 도움이 되지 않는다. 오히려 시야를 가리는 시대착오적 불순물이 될 수 있다. 자신이 스스로 손을 움직여 물건을 만들고 사람들의 생생한 반응을 살피며 일희일비로 성장해나가는 것이 가장 빠른 지름길이다.

즉, 좋은 조직이란 기회를 많이 얻을 수 있는 조직

이다. 대기업이어도 공을 줍는 일밖에 시켜주지 않는다면 조급함을 느끼는 것이 좋다. '미노와 편집실'은 기회로 넘쳐나기에 편집을 해보거나 글을 써본 경험이 없더라도 오치아이 요이치나 우노 쓰네히로(宇野常寛)°의 기사를 쓰고 퍼뜨릴 수 있다. 그들은 기사의 반향을 살피며 시행착오를 반복하기에 놀랄 만큼 빠르게 성장해간다.

세간에서는 다른 사람보다 수십 배 노력해야 한다고 말한다. 하지만 사람은 모두 24시간밖에 갖고 있지 않다. 잠도 안 자고 쉬지도 않은 채 일한다고 해도 시간으로 환산하면 다른 사람의 최대 2배 정도밖에 노력할 수 없다. 그렇다면 어디에서 차이를 만들어야 할까? 그것은 '어제까지 하지 못했던 일을 할 수 있게 만드는 경험'을 쌓아나가는 것이다. 어제와 마찬가지로 오늘도 복사만 해서는 성장할 수 없다. 지금은 SNS를 통해서든, 온라인 살롱을

평론가이자 비평지 《PLANETS》의 편집장

통해서든 기회를 얻을 가능성이 오 년 전과 비교해 극단적으로 늘었다.

시간은 유한하다. 사람은 반드시 죽는다. 그러니까 지금 하라. 어제까지 하지 못했던 일을 하라. 그렇게 반복적으로 실천하노라면 프로페셔널의 길이 반드시 열릴 것이다.

"

중요한 것은 일단 타석에 서는 것이다.
가능한 한 많이 도전하고 실패하며
능숙해져야만 한다.

"

스피드,
스피드,
스피드!

"스피드는 열기를 빚고, 양(量)은 질을 만들어낸다."

존경하는《주간문춘(週刊文春)》편집장인 신타니 마나부(新谷学)가 한 말이다. 나는 본래 한 권에 모든 걸 쏟아붓는 유형이었다. 원고를 수십 번 읽고 구두점의 위치, 종이의 두께와 질감까지 하나하나 따지고 들었다. 충분히 시간을 들이지 않으면 마음을 움직이는 책을 만들 수 없다고 생각했다.

그런데 2017년 4월, 'NewsPicks Book'을 창간하면서 모든 게 변했다. 'NewsPicks Book'은 월정액 서비스라 매월 신작 한 권을 출판한다. 그 결과, 필연적으로 한 권에 들일 시간이 턱없이 부족해졌다.

마에다 유지는 "설마 사흘 만에 전부 쓰라고 할지는 몰랐다. 그래도 아침까지 둘이서 밤을 새워 글을 쓰니 학창 시절로 돌아간 기분이었다"라고 말했다. 기시 유키(岸勇希)°는 "갑자기 찾아와서 '마감은 삼 주 후입니다'라고 말한 게 가장 인상적이었다"라며 웃었다. 오치아이 요이치는 "미노와 씨의 편집 작업은 마치 스포츠 같다"라고 했고, 다바타 신타로는 "미노와 씨와의 편집 작업은 야성적이고 격렬하지만 실은 기분 좋은 섹스처럼, 거칠고 야하지만 천박하거나 조잡하지 않다"라고 트윗을 남겼다.

이렇듯 평소라면 불가능할 속도로 달려 나감으로써 저자와의 관계에서도 엄청난 열기가 만들어진다. 그리고 그 열기에 의해 책에 혼이 담긴다.

2017년 11월에 출간한 『MONEY 2.0』은 20만 부를 넘는 히트작이 됐다. 이 책도 삼 개월 만에 만들었다. 사토 가쓰아키에게 출판을 부탁한 것은 세상이 가상화폐 광풍으로 한창 끓어오를 때였다. 어느 출판사든 가상화폐와 관련된 책을 준비하고 있었고, 당연한 듯 일 년 이상 시간을 들였다.

『MONEY 2.0』은 밤낮으로 가상화폐에 관한 뉴스가 보도되던 시기에 출간되어 금세 베스트셀러에 등극했다. 엄청난 속도로 달리다 보니 행성과 행성이 팍, 하고 부딪친 것이다. 사토 가쓰아키는 "다른 출판사보다 5배 빨랐다"라고 말했다.

많은 사람이 '적정 시간'이라는 것에 세뇌되어 있다. 책은 반년, 디자인은 일주일, 회의는 한 시간. 오랫동안 그렇게 해왔다는 이유만으로 답습하는 '적정 시간' 말이다.

내 경우, 책은 세 달 만에 만들고 디자인도 이틀 만에 해달라고 요청한다. 회의는 선 채로 간단히 대화를 나눈다. 메일을 보낼 때도 계절 인사 따위는 생략한다. 연하장도 마찬가지다.

시간이 남아도는 사람은 사고를 정지한 채 관습을 따른다. 그러나 정말로 바쁜 사람은 쓸모없는 것을 버리지 않을 수 없다. 본질적인 일만이 남으며, 자연히 생산성도 높아진다.

또한 시간이 절대적으로 없는 상황은 사람의 집중력을 비약적으로 상승시킨다. 책의 구성이나 제목에는 정답이 있을 리 없다. 따라서 마감일을 정하지 않으면 영원토록 생각할 수 있다. 나는 약속과 약속 사이, 택시로 이동하는 시간 말고는 원고를 생각할 겨를이 없다. 택시 안에서 책의 제목, 띠지 문구, 신문광고의 머리기사, 서점 매대를 장식할 문구를 단숨에 생각한다. 조금 더 느긋하게 생각하고 싶지만 시간을 들인다고 해서 반드시 더 좋은 결과를 만드는 것도 아니다.

누구나 몇 주 동안 생각해도 떠오르지 않다가 마감 직전에서야 좋은 아이디어가 떠오른 경험이 있을 것이다. 집중력이라는 것은 막바지에 쫓긴 순간에 최대치를 기록한다. 시간을 배분해 자신을 막바지로 내몰수록 집중력이 오르는 것이다.

덴쓰(Dentsu Inc.)의 크리에이터 사와모토 요시미쓰(澤本嘉光)가 말했다. "소프트뱅크의 휴대폰 광고에 나오는 강아지 캐릭터°는 납품까지 시간이 얼마 없어 연예인을 대신해 불가피하게 선택한 것"이라고.

시간이 있다고 반드시 좋은 것은 아니다. 제약이 혁신을 만든다. 몰아넣어라. 느긋하게 마음 편한 속도로 일하다 보면 세상에 없는 것을 만들 수 없다.

스피드, 스피드, 스피드! 아무도 보이지 않는 속도로 달려라.

훗카이도견을 아버지 캐릭터로 쓴
광고가 큰 인기를 끌었음

양(量),
양(量),
양(量)!

첫째도 양, 둘째도 양, 셋째도 양이다. 압도적인 양(量)을 소화하고 나서야 비로소 보이는 세계가 있다.

"피카소가 왜 천재인지 아는가? 작품을 많이 그렸기 때문이다"라고 아키모토 야스시는 말했다. 처음에 나는 이 말의 의미를 알지 못했다. 머리로는 어느 정도 이해해도 몸으로 실감하지는 못했다. 오히려 질과 양은 반비례한다고 생각했다. 자신의 손으로 엄청난 양을 품으면 질은 자연히 떨어진다. 적어도 나는 그렇게 생각했다.

내 일정은 살인적이다. 한 달에 한 권의 책을 내고, 매일 기획과 자문을 하며, 밤마다 행사에 참여하고, 주말에는 지방 강연을 간다. 이렇게 말도 안 되는 양을 떠안고 나서야 알았다. 표면장력에 의해 아슬아슬하게 차 있던 컵의 물이 확, 하고 밖으로 흘러

넘치고 나서야 진짜 능력이 개발된다는 사실을.

얼마 전, 회사에서 쓰는 책상을 정리하다가 많은 사람 앞에서 처음으로 말을 할 때의 메모가 나왔다. 뉴스픽스 아카데미아에서 사회를 맡았을 때의 일이다. 첫인사부터 예상 문답에 이르기까지 마치 방송 작가가 만든 대본처럼 정성스레 메모가 되어 있었다. 지금이야 준비 없이 곧바로 행사에 뛰어들지만 예전엔 그러지 못했다. 아침부터 사회자로 활약하는 자신을 상상하며 철저하게 준비해 갔다. '나는 생각보다 성실한 사람이구나' 하고 놀라지 않을 수 없었다.

지금처럼 매일 밤 누군가의 앞에서 떠드는 일이 들어오면 하나하나 예상 문답집을 만들 여유가 없다. 낮부터 행사에 대해 생각하노라면 일이 돌아가지 않는다. 직전까지 다른 일을 하다가 택시에 뛰어들어 행사가 시작되기 오 분 전에 회장에 도착한다. 그제야 비로소 행사에 대해 의식하는 것이다. 사전 미팅 같은 건 거치지 않으며 무계획의 임기응변으로 승부에 나선다.

만약 말하는 일이 한 달에 한 번 정도였다면 매번 마음을 다해 준비했을 것이다. 그러면 만족할 만한 결과를 낼 수도 있다. 하지만 그래서는 사회자로서의 능력이 예상 범위 안에서만 오른다.

지금 나는 날마다 말하지 않으면 안 되는 상황에 쫓기면서도 도무지 준비할 여유가 없다. 실패도 하고 부끄러움도 사면서 압도적인 횟수를 묵묵히 쌓아가는 사이에 자연스레 요점을 알게 된 것이다. 여기서 평균적인 양을 해내는 사람과 극단적인 차이가 생겨난다.

어떻게든 극복해낼 수 있는 양으로는 안 된다. 그러면 능력은 폭발하지 않는다. 절대적으로 불가능하고 어떤 방법을 써도 도저히 안 될 정도의 부담을 자신에게 가한다. 그러면 곤경을 극복해야 한다는 방어 본능이 싹을 틔우며 진화할 수 있다. 이런 진화는 위기에서 찾아온다.

나는 최근 일 년 사이에 몰라볼 정도로 성장했다는 말을 듣는다. 절망적이라고밖에 볼 수 없는 양을 해치운 덕분이다. 매일 아침, 오늘 해야 할 일을 생각하면 죽고 싶을 정도다.

메신저나 메일도 몇 시간 자고 일어나면 엄청나게 많이 도착해 있다. 미팅 일정을 보면 눈앞이 캄캄할 정도다. 약속 시간이 중복된 경우도 있다. '절대 해낼 수 없어'라고 절망하면서도 어떻게든 그날 하루를 견딘다.

일 년 동안 100이라는 힘을 사용할 수 있다고 치면, 첫 두 달 사이에 90을 소모할 정도로 달린다. 거기서 충격이 생겨난다. 압도적이라고밖에 할 수 없는 양을 처리하다 보면 용량이 늘어나고, 다시 100의 힘이 더해지는 것이다. 어설프게 힘을 쏟아서는 안 된다.

'NewsPicks Book'이 지금 전국 서점의 매대를 차지하고 있는 것은 매월 책을 내기 때문이다. 한때는 비즈니스 서적의 판매 순위 상위를 내가 편집한 책들이 독점하기도 했다. 겐토샤의 서적 판매 순위에서도 1위부터 4위까지 독점했다. 이것은 내 편집 능력이 뛰어나기 때문이 아니다. 압도적인 양을 만들어냈기 때문이다.

그럭저럭 우수하다거나 그럭저럭 눈에 띄는 행동을 하다 보면 주위에서 귀여움을 받는다. 그러다가 뛰어날 정도로 우수해지면 평론가를 자처하는 사람들에게 비판을 받고 중상모략을 당한다. 하지만 그것이야말로 브랜드가 됐다는 증거다. 주변에서 비판이 쏟아질 때 자신을 지탱해주는 것은 다름 아닌 양이다. '나는 네놈들이 자고 있을 때도 일한다. 누구보다도 많은 양을 해치웠다. 그러니까 얕잡아 보지 말라고!' 하는 확실한 감각이 손에 남아 있으면 가슴을 활짝 펴고 싸울 수 있다.

양은 배신하지 않는다. 누구보다 많이 움직여라.

"

진화는 위기에서 찾아온다.
압도적인 양을 소화하고 나서야
보이는 세계가 있다.

"

열광하고 싶다면
포기하기를
두려워하지 마라

열광할 수 있는 대상을 만나고 싶다면, 나중에 포기하는 한이 있더라도 우선은 여기저기 손을 대보는 편이 좋다. 이를 위해 먼저 말하는 습관부터 바꾼다. 기획 제안이 들어왔을 때, 회식이나 여행을 권유받았을 때 "하고 싶다"나 "가고 싶다"라는 말은 금지어로 삼는다. 대신 "하겠다", "가겠다"라고 말하자. 이것만으로도 행동의 양과 속도가 비약적으로 증가한다.

내게는 날마다 다양한 안건이 쏟아진다. 정말로 관심이 없는 것을 제외하고, 조금이라도 마음이 가면 "하겠다", "가겠다"라고 곧장 답한다. 그야말로 버릇이다. 끓는 물에 손이 닿았을 때 "앗, 뜨거워!" 하고 외치듯 "하겠다!"라고 답해버린다.

내가 편집자이면서도 책 편집 이외에 다양한 일을 하고 텔레비전이나 잡지, 행사에 얼굴을 내미는 것은 물리적으로 가능만 하다면 모든 일을 수락하기 때문이다. 기획서나 그 내용 등은 거의 보지 않는다.

얼마 전, 호리에 다카후미가 "개그맨 스이도바시 하카세(水道橋博士)와 겨뤄보지 않겠어?"라고 격투기 대전을 제안해왔을 때도 습관대로 "네, 할게요"라고 답했더니 웬걸, 실제로 연예인과 링 위에서 싸움을 하게 됐다. 반사 신경만으로 일을 받다 보면 이런 실수를 한다. 하지만 좋은 이야기 또한 손을 먼저 드는 사람에게만 찾아온다는 것을 잊지 말아야 한다.

"하고 싶다", "생각해보겠다"라고 답하는 느긋한 사람에게 황금 사과는 떨어지지 않는다. 아무도 그런 사람에게 혼신이 담긴 기획을 제안하려 들지 않는다. '이 기획을 누구와 논의하지?' 하고 생각할 때 곧장 머리에 떠오르는 존재가 아니라면 편집자로서 실격이다.

'그 녀석이라면 금방 뛰어들어줄 거야.' 그렇게 여겨지는 존재가 되어야 한다. "하고 싶다"와 "하겠다", "가고 싶다"와 "가겠다"는 소망과 행동 사이에는 말도 안 될 정도로 큰 도랑이 있다. 소망 같은 건 아무런 도움도 주지 못한다.

"아, 살 빼고 싶어"라고 백날 말해봐야 아무 일도 벌어지지 않지만, "살을 빼겠다!"라고 선언하면 그 순간부터 '몇 킬로그램까지 감량할지', '일주일에 몇 번 운동할지', '식사 제한은 어느 정도가 좋을지'를 구체적으로 정할 수 있다.

그리고 여기부터가 중요하다. "하겠다"라고 곧장 답하며 일을 전부 받아들인다고 해도, 나 같은 경우에는 대개 60퍼센트 정도의 일이 자연소멸된다. 물

리적으로 도저히 일을 굴릴 수 없기도 하고, 그 일
에 대한 열정이 사그라들 때도 있다.

내 주변 사람 중에는 '미노와 씨는 무책임하군'이
라고 생각하는 사람이 있을지 모른다. 하지만 그걸
로 됐다. 한번 한다고 한 것을 반드시 해야 한다고
생각하는 것은 샐러리맨 같은 발상이다. 말도 안
될 정도로 바쁘고 열정적인 사람들과 일하다 보면
알 수 있으리라. 그들은 막대한 수의 안건을 동시
에 다루기 때문에 기획이 중간에 자연소멸되더라
도 신경 쓰지 않는다. 곧장 다음 안건과 미래를 바
라본다.

나도 지인이나 직원에게 부탁한 기획이 움직이지
않을 때면 '그 정도의 일이었구나' 하고 단념한다.
애초에 누군가 한 명이 열광하지 못하는 기획은 제
대로 굴러갈 리가 없다. 처음부터 사라질 운명이었

던 것이다.

무엇이 대박을 터뜨릴지 알 수 없는 시대에는 완주하는 것보다 일단 한번 전력으로 질주해보는 것이 중요하다. 어떻게 달려야 할지, 결승점까지 거리는 얼마나 되는지 알 수 없지만 어찌 됐든 한번 달려본다. '뭔가 이건 아닌데' 하는 생각이 든다거나 마음이 도중에 바뀐다면 달리기를 멈추면 그만이다. 머릿수만 많은 회의에서 며칠이고 시간을 들여 기획을 주물러댄다고 정답이 튀어나오지 않는다.

더욱 최악인 것은 일단 달리기 시작했다는 이유로 문제를 느끼면서도 타성에 젖어 계속하는 것이다. 이것이 망해가는 회사나 프로젝트의 전형이다. '성실해야 한다'고 세뇌된 사람은 하고자 마음먹은 기획을 자연소멸시키는 것이 잘못된 일이라 여길지 모른다. 하지만 의식을 바꿔보자. 이것은 무책임과는 다르다. 오히려 내가 생각하는 무책임이란 열광하지도 않으면서 업무로만 일을 해나가는 것이다. 프로젝트에 열광한다면 어떤 곤란이 닥쳐도 피투성이가 되어 마지막까지 해치운다. 집중력이 다르다.

열광의 씨앗은 일단 시도해보지 않으면 찾을 수 없다. 그렇기에 자연소멸이 되어도 좋다는 마음가짐으로 "하겠다"라고 손을 들어야 한다. 이것저것 손대다 보면 호기심이 호기심을 부르고, 열광이 열광을 가속시킬 것이다.

"하고 싶다"나 "가고 싶다"라는
말은 금지어로 삼는다.
대신 "하겠다", "가겠다"라고 말하자.
이것만으로도 행동의 양과 속도가
비약적으로 증가한다.

하나라도
최고가
되어라

『다동력』이 일본에서 30만 부가 넘게 팔리며 베스트셀러가 된 후 하나의 폐해가 생겨났다. 트위터에서 "별 볼일 없는 회사 따위 그만둬버렸어요! 이거야말로 『다동력』!" 같은 트윗을 보게 된 것이다.

업계를 가로막던 장벽이 허물어지는 시대에 하나의 일에 속박되지 않고 다양한 일에 손대어보는 힘은 분명 중요하다. 하지만 결국 하나의 길에서 두각을 나타내지 못하면 아무짝에도 쓸모가 없다. 어느 하나를 끝까지 파고들지 못한 채 이것저것 손만 대다 보면 자잘한 지식만 쌓이고 어느 일에서도 특출하지 못하게 된다.

결국 중심축이 되는 다리가 제대로 몸을 받치고 서있는지에 관한 문제다. 축구든, 킥복싱이든 중심축이 되는 다리를 제대로 세워두지 않으면 강한 킥은찰 수 없다.

《소설 겐토》라는 문예지에서 방송 작가인 스즈키 오사무(鈴木おさむ)의 소설 연재를 담당하고 있을 때다. 어느 날, 마감일이 지나도 그가 원고를 보내 오지 않았다. 전화를 걸어도 받지 않았다. 알고 보니 그 무렵, 스즈키 오사무는 아메바 TV에서 옛 SMAP 멤버를 기용한 〈72시간 본심 텔레비전〉을 제작하던 중이었다. 연예계의 역사에 남을 만한 방송을 잠도 안 자고 만드는 중이라면, 이번 달에는 연재를 빼먹어도 어쩔 수 없다고 생각했다. 그런데 한밤중에 그로부터 메시지가 왔다.

"미안해! 〈72시간 본심 텔레비전〉 때문에 시간을 너무 많이 뺏겼어! 지금부터 원고를 쓸 테니까 기다려줘. 절대로 펑크 내지 않을 테니까."

나는 그의 광기에 몸서리쳤다. 물어보니 그는 지금까지 단 한 번도 원고를 빼먹은 적이 없다고 한다.

이것이 핵심이다. 이런저런 일에 손을 대고 그 모든 일을 척척 잘하는 것처럼 보이는 사람, 오랜 시간 정상에 머물러 있는 사람일수록 사소해 보이는 일을 누구보다 확실히 해나간다.

오치아이 요이치는 누구보다 많이 연구하고, 아키모토 야스시는 누구보다 많은 글을 쓴다. 이른바 성공한 인물을 볼 때 사람들은 '잘나가서 좋겠다'라고 생각할지 모른다. 하지만 그런 인물들의 책을 만들며 바로 옆에서 지켜본 결과, '이처럼 피나게 엄청난 노력을 기울이니 성공하는 게 당연하군' 하고 나는 생각했다.

쇼룸(SHOWROOM)°을 이끄는 마에다 유지의 실상은 '연예인과 사귀는 화려한 슈퍼 부자' 따위가 결코 아니다. 그는 회식 후 3차까지 자리를 함께하고 나서도 근처 카페로 이동해 아침 5시까지 일한다.

인터넷 스트리밍 서비스 ⌐

그리고 오전 9시에는 회의에 출석한다. '이렇게 자신을 밀어붙이면서 이 사람이 이루고 싶은 건 대체 뭘까' 하는 생각이 들 정도다.

다동력의 본질은 이것저것 되는대로 손대는 것이 아니다. 우선 무엇이든 한 분야에서 빼어날 정도로 뛰어나야 한다. 하나의 분야에서 정상이 돼야만 횡적 전개가 가능해진다. 어느 한 분야의 최고이기에 다른 분야의 최고가 말을 걸어오는 것이다.

나만 해도 누구보다 책을 많이 내고 있다. 스마트폰을 누구보다 오래 들여다본다. 줄곧 책에 관해 생각하고 자나 깨나 홍보 방법을 고민한다. 그러하기에 지금 편집과 인터넷을 조합하는 것으로는 일본에서 미노와가 가장 뛰어나다는 평가를 받을 수 있는 것이다.

중요한 안건을 다루는 회의에도 불려 간다. 책과는 관계없는 프로젝트에서 일을 의뢰받는다. 거기에서 다시 새로운 프로젝트가 움직이기 시작한다. 업계의 정상들과 일한다. 최고를 목표로 하는 자만이 지니는 괴로움과 열량, 아이디어를 공유하는 사람들 사이에는 가령 분야가 다르더라도 서로를 알아볼 수 있는 눈이 있다.

1위와 2위의 차이는 말도 안 되게 크다. 하지만 2위와 100위 사이에는 대단한 차이가 없다. 금메달리스트이기에 광고 제안이 들어오는 것이다. 그렇기에 '켄다마° 세계 제일'이든 '편의점 주먹밥 연구'든 뭐든 좋으니까 우선은 무언가 하나의 분야에서 최고가 돼야 한다. 일본에서 제일이라는 기치를 내걸고, '재미있는 녀석이 있다'라는 주목을 받으면 그것이 최고 중의 최고를 파고들기 위한 실마리가 된다.

본체와 공이 줄로 이어진 장난감으로, 요요처럼 다루며 노는 일본의 전통 놀이

안타깝게도 세상은 그렇게 달콤하지 않다. 다동력을 구사해 이것저것 해본다고 해도 위대한 사람이 될 수 없다. 우선은 무언가에 빠져들어라. 주변에서 질색할 만큼 몰입하고 집중해서 어느 한 점을 돌파하여 관통하라.

최고를 목표로 하는 자만이 지니는
괴로움과 열량, 아이디어를
공유하는 사람들 사이에는
가령 분야가 다르더라도
서로를 알아볼 수 있는 눈이 있다.

변화를
멈추지
마라

18세기 말 프랑스혁명이 일어나기까지 사람들은 자신들을 얽매던 앙시앵레짐(구체제)에 기대어 살았다. 성직자나 귀족은 세금도 내지 않으면서 가부좌를 틀고 앉아 특권을 누렸고, 대다수 서민은 괴로운 생활을 강요당하며 착취당했다. '앙시앵레짐 따위 부숴버리면 그만'이라는 당연한 말을 외치는 혁명가가 나타나기까지 너무나 오랜 시간이 걸렸다. 21세기 일본에도 쇼와 시대에서 벗어나지 못하는 구체제가 똬리를 틀고 있다.

슬랙(Slack)°이나 메신저로 대화하고, 답변은 이모티콘으로 끝. 초 단위의 속도감으로 일을 진행하지 않으면 순식간에 주변보다 뒤처지고 만다. 일이란 스포츠와 같다. 후딱 끝내고 재빨리 결단을 내린다. 그런 각오와 의욕이 있다면 새로운 도구가 나올 때마다 곧장 사용해보고자 하는 마음도 자연히 생겨날 것이다.

협업을 위한 비즈니스 커뮤니케이션 소프트웨어

하지만 이 나라에서는 그런 생각을 하는 사람이 소수인 듯하다. 신문사나 다른 출판사 사람들이 나를 찾아 회사로 전화를 걸어온다. 회사에 가면 "《○○ 신문》의 ○○ 씨에게서 전화가 왔음. 다시 전화한다고 함"이라는 메모가 놓여 있다. 그 후 바깥에서 미팅을 끝내고 다시 돌아오면 메모가 늘어 있다. "《○○ 신문》의 ○○ 씨에게서 다시 전화가 왔음. 또다시 전화한다고 함." 나는 그럴 때마다 마음속으로 이렇게 외친다. '아니 잠깐, 우리가 인터넷도 없던 시절에 조금씩 어긋나는 커플이라도 된 거야? 만나지 못해서 마음이 깊어지는 연애 기분을 여기서 맛볼 생각은 없는데. 부탁이니까 메일로 보내줘. 시간 있을 때 답할 테니까.'

이렇게 농담이나 콩트로밖에 생각할 수 없는 구닥다리 방식으로 일하면서 돈이 벌리지 않는다거나, 야근이 줄어들지 않는다고 불만만 토로한다. 자동

차가 개발됐는데 인력거로 이동해서는 장사가 되지 않는 게 당연하다. 오치아이 요이치는 "변화를 멈추지 않아야 한다"라고 말한다. 사람은 변화를 멈춘 순간 썩기 시작한다. 변화의 방식 따위 아무래도 좋다. '변화를 멈추지 않는다'는 생각을 계속 지닐 수 있는지가 중요하다.

출판계는 이대로 팔짱만 끼고 있다가는 가라앉는 배 위에 앉아 물에 빠지는 꼴이 되고 만다. 그렇기에 나는 내가 만든 작은 고무보트로 옮겨 타서 자유롭게 풍파를 일으켜보고자 한다. 구약성서에는 대홍수가 일어났을 때 노아의 방주를 타고 환란을 피하는 무리가 나온다. 홍수가 일어나 모두가 빠져 죽는 사이에 '저 방주를 타보자'라고 한 발을 내디딘 모험자만이 살아남는다. '저 배도 분명 잠길 거야. 저렇게 작은 배를 타면 위험해'라고 손가락질하는 인간은 시대의 풍파에서 살아남을 수 없다.

내가 노를 젓고 있는 이 배는 매우 작을 뿐만 아니라 안전장치도 없다. 그렇기에 풍파가 일어나면 격하게 흔들리고 다치기도 한다. 뒤집힐지도 모른다. 하지만 내가 운전대를 잡은 '미노와 편집실'로 겨우 일 년 만에 1,300명이 모였다. 젊은이들을 중심으로 기사를 쓰거나 영상을 만들고, 디자인을 하거나 이벤트를 벌인다. 메이지 시대의 학당 같은 느낌이다. 불안정하지만 열기가 있고, 무엇보다 매일 변화한다. 보이는 경치도 달라지고, 낚이는 물고기도 달라진다. 우리 멤버는 모두가 등에 '변화를 멈추지 않는다'는 문신을 새기고 있는 셈이다.

앙시앵레짐이라는 큰 배를 타고 있으면 주어진 일을 오른쪽에서 왼쪽으로 기계적으로 해낼 수 있을 뿐이다. 일은 전혀 달라지지 않고 월급도 오르지 않는다. 배에서 제공하는 밥은 점점 맛없어지고, 지루한 일상에 한숨을 내쉬면서 나이만 먹어간다. 그런 인생은 전적으로 사양한다.

회사라는 곳은 애초에 혁신의 딜레마가 생겨나기 쉬운 구조다. 눈앞의 이익을 내야 하기에, 지금은 돈을 벌고 있지만 십 년 후에는 사라질 비즈니스라도 버릴 수가 없다. 변화하지 않는다. 깨닫고 보면 어느새 발밑부터 썩고 있다.

하지만 우리는 밥을 빌어먹고자 일하는 것이 아니다. 그저 즐거우니까 파도를 탄다. 이렇게 변화를 즐기면서 배를 자유롭게 움직이는 쪽이 결과적으로 재산과 보물을 발견하는 길이다. 회사라는 대형 여객선보다 나의 작은 고무보트가 더 강하다고 나는 확신할 수 있다.

제5장

[인간관계를 만드는 법]

유착하라

일이란 인간과 인간이 하는 것이다. 업무적인 관계를 깨부수고 얼마만큼 상대의 마음을 끌어낼 수 있는가, 얼마만큼 서로에게 녹아들 수 있는가. 이를 위해 나는 스스로 벌거숭이가 되는 수밖에 없다고 생각한다.

벌거숭이가
되어라

편집을 한다는 것은 가시로 찌르는 듯한 옷을 입는 것과 같다. 신경질적이고 다루기 어려운 창업가, 작가, 연예인 등을 말로 설득하여 친우(親友), 전우(戰友), 악우(惡友)와 같은 관계를 맺는다.

유명인들은 매일 기억하지도 못할 만큼 많은 사람을 만난다. 개중에는 그들을 이용해 무언가 이득을 봐야겠다고 생각하는 무리도 있다. 그래서 그들은 사람에 대한 경계심이 높아져 '이 녀석은 만나면 손해를 보겠군', '이 녀석은 잔재주만으로 비즈니스를 하는군' 하며 사람을 분별하는 동물적 감각이 뛰어나다. 그들은 대개 가짜 미소를 던진 뒤 비서에게 명함을 받게 하고 자리를 피한다. 그러면 두 번다시 그들과 마음을 터놓는 관계가 될 수 없다. 이런 난공불락과도 같은 상대의 마음을 어떻게 하면 열 수 있을까? 이것이 편집자의 재능이다.

일본에서는 아이들에게 이렇게 말한다. "모두 제대로 하고 있으니 너도 제대로 해." 하지만 인도에서는 "너도 완벽하지 않으니 다른 사람의 부족한 점을 용서해라"라고 가르친다.

이쪽이 방어벽을 올리면 상대도 같은 높이로 벽을 세운다. 이쪽이 방어벽을 내리면 마주한 상대도 벽을 내릴 것이다. 자신이 모든 장비를 완벽하게 갖춘 인간인 척하고 있으면 상대도 장비를 해제하지 않는다.

편집자의 일은 작가를 어디까지 벌거숭이로 만들 수 있는지에 달렸다. 피상적으로 사귀는 것만으로는 진짜 말을 끌어낼 수 없다. 가짜 말을 엮더라도 흔해빠진 내용밖에 만들 수 없다. 따라서 상대가 장비를 해제하고 벌거숭이가 되게 하려면 우선 나부터 벗어버려야 한다. 그렇게까지 벌거벗어도 괜찮을지 상대가 걱정할 정도로 무방비가 돼야 한다.

나는 애초에 성격상 스스로를 좋게 보이도록 무리해서 행동할 수 없다. 나를 속이고 다른 사람의 마음에 들고자 하는 것보다, 있는 그대로를 내보이고 미움을 사는 것이 좋다고 생각한다. 그래서 언제나 궁극의 나 자신으로 있을 수 있다.

작가인 히라노 게이치로는 '분인(分人)'이라는 개념을 제창했다. 개인의 정체성은 하나로 고정되지 않고, 상대의 태도나 주어진 환경에 따라 여러 자아 중 하나인 '분인'으로 앞에 나선다. 회사, 집, 취미 생활 등 다양한 상황에서 각기 다른 내가 존재한다.

그것을 바탕으로 말하자면, 상대로 하여금 가장 무리하지 않는 '분인'을 끌어내도록 하는 것이 편집자의 역할이다. 이야기를 나누면서 상대가 가장 자신다운 모습을 보이도록 이끌 수 있어야 한다.

언제나 조금 어려운 말을 하는 사람도 소년처럼 천진해질 수 있고, 늘 험악한 얼굴인 사람도 무방비해져 녹아내릴 듯한 표정을 지을 때가 있다. 상대를 그렇게까지 만들 수 있는지 여부가 진짜 인간관계를 쌓는 편집자인지, 그저 한 명의 회사원에 지나지 않는지를 가른다.

이것은 편집이라는 일에 한정된 이야기가 아니다. 영업이든, 접객이든, 컨설팅이든 기계적인 인간관계를 돌파해 상대의 살아 숨 쉬는 감정을 끌어낼 수 있다면 일은 단번에 속도가 붙고 본질적인 것으로 변화한다. 그러기 위해서는 우선 나부터 벌거숭이가 돼야만 한다. 자신의 부끄러운 부분, 껄끄러운 성격, 제멋대로인 지점, 건방진 성향을 전부 드러낸다.

미움받을 것을 두려워하지 마라. 모든 것을 보여주고 미움받는다면 처음부터 거기까지가 끝인 관계다. 완벽한 인간 따위는 어디에도 없다. 우선은 나부터 모든 것을 드러내면 상대도 경계심을 풀고 신뢰해줄 것이다. 그러니 모두 벌거숭이가 되자.

분석하고
분석하라

일이란 어디까지나 인간과 인간이 하는 것이다. 아무런 실적도 없는 편집자가 대작가나 바쁜 창업가에게 책을 써달라고 설득하기란 쉽지 않다. 나도 갓편집자가 됐을 때는 인맥이고 뭐고 하나도 없었다.

창업가의 책을 만들고 싶었지만, 누구와 이야기해야 그들을 만날 수 있을지 알지 못했다. 친분이 있던 사람은 요자와 츠바사 정도로, 그는 이 무렵 이미 파산한 상태였다. 신인인 내가 몰락한 창업가의 책 따위를 만들어서는 별 소용이 없어 보였다. 겐조 도루나 호리에 다카후미같이 구름 위의 대물을 설득해 같이 일하지 않으면 내 이름을 드높일 수 없다고 판단했다. 무엇보다 나는 순수하게 그들의 책을 만들고 싶었다.

동료들에게서 "호리에 씨는 바쁘니까 쉽지 않다", "겐조 씨는 쉽게 만나주지 않는다"라는 말을 들었다. 하지만 나는 무슨 방법이 없을까 계속 고민했다. 사람인 이상 감정이 있는 법이다. 반드시 불가능한 것은 아닐 테다. 실적이 없더라도 '이 녀석이라면 함께해도 괜찮을 것 같은데'라고 생각하도록 말을 짜내야 했다. 상대의 마음을 움직일 수 있다면 기회는 분명 있을 터였다.

그러기 위해 중요한 것은 '상대의 생각을 얼마나 자세히 상상하고 그에 가까이 다가가는지'다. '어라, 이 사람, 나에 대해 누구보다 자세히 알고 있잖아'라고 상대를 확신시키는 말을 내뱉을 수 있다면 길은 반드시 열린다.

나는 중학교 시절부터 '분석'이라고 이름 붙이고, 친구나 담임선생님의 성격, 콤플렉스, 본성 등을 철저히 언어화하는 습관을 들였다. 친구는 "미노와에게 분석당하고 싶지 않아"라며 볼멘소리를 했다.

대학교 시절에는 수영장 구석에 앉아 다섯 시간 가까이 지인을 분석한 적도 있다.

'인간 관찰'이라고 표현하면 알기 쉬울지 모른다. 겉모습뿐만 아니라 마음속에 간직한 부분, 인간미가 드러나는 부분까지 냄새를 맡고 그것을 언어화한다. 나는 지금도 시간이 있으면 시부야 도겐자카의 화단에 앉아 하이볼을 마시며 지나가는 사람의 얼굴을 보고 분석한다.

직접 대화를 나눌 수 있다면 만나는 동안 상대의 동향을 살피고 분석하면 된다. 그러나 간단히 만날 수 없는 경우에는 그 사람의 책이나 과거에 출연한 방송, 트위터 등을 철저히 흡수해 어떤 사람인지 상상해본다.

나는 그것을 '빙의 수준의 분석'이라고 이름 붙였

다. 마치 상대가 나에게 빙의한 것처럼 그 사람의 마음을 알 수 있어야 한다. 그 상태까지 기다린다. 실제로 만났을 때 어떤 말을 던지면 '이 사람은 나를 잘 아네', '이 사람이라면 같이 일해도 좋겠군' 하고 느낄 수 있도록 말이다.

겐조 도루의 경우, 과거에 그가 텔레비전이나 책에서 발언한 내용을 전부 기억했다. 그리고 편지를 쓴 뒤 첫 만남부터 뜨거운 마음으로 부딪친 결과, 처음에는 관심조차 없던 겐조 도루가 신입 편집자인 내 제안을 받아들이게 됐다.

다만 여기서 무턱대고 밀어붙이는 방식은 위험하다. 뜨거운 말로 승부해도 상대가 그것을 바라지 않는 경우도 있다. 분석이 물렀던 것이다. 어떤 말을 건넬지뿐만 아니라 '애초에 뜨거운 말을 원하는지', '어떤 방법으로 전하는 것이 최선인지'를 상대의 입장에서 생각해야 한다.

예를 들어 호리에 다카후미라면 처음 만난 사람이
아무리 열정적인 말을 늘어놓아도 귀찮다는 듯 스
마트폰만 들여다볼 것이다. 그의 트위터나 책을 분
석해보면 그가 얼마나 비효율적인 것을 싫어하고,
취재나 잡지 인터뷰에 시간을 뺏기기를 거부하는
지 알 수 있다. 그래서 나는 '창작자 여덟 명의 인터
뷰를 호리에 다카후미가 읽고 논평하기'라는 기획
을 했다. "논평을 할 뿐이니까 이동 중에 스마트폰
을 만지작거리는 것만으로도 완성되는 책입니다"
라고 제안한 것이다. 이것으로 그에게 수없이 밀려
들던 경쟁사의 출판 제안을 제치고 내 기획이 『역
전의 업무론(逆転の仕事論)』이라는 책으로 실현될
수 있었다.

상대가 무엇을 구하는지, 어떤 본성을 지녔는지에

대해 정작 그 자신도 깨닫지 못한 부분까지 이해하고 언어화할 수 있다면 아무 실적이 없더라도 신뢰를 얻어낼 수 있다. 그렇게 한 후에야 처음으로 인간 대 인간으로서 인정받을 수 있다. 그러니 상대가 자신에게 빙의해올 때까지 상상하고, 상상하고, 또 상상하라.

> 상대의 입장에서 생각하라.
> 그 속에 기회가 있다.

궁극의
목적지만
노려보라

나는 내가 편집한 책의 저자들과 친우, 전우, 악우의 관계를 맺고 있다. 하지만 착각해서는 안 된다. 어디까지나 봐야 할 것은 저자가 아니라 독자다. 과정이 아니라 결과다.

출판 업계에서는 편집자는 저자의 기분을 살피면서 열 걸음 정도 뒤로 물러나 걸어야 한다는 생각이 있다. 하지만 나는 저자와 평등한 관계로 지내고자 노력한다. 사인회나 대담회 같은 행사에서 저자 옆에 달라붙어 사방팔방 무조건 고개를 숙이는 편집자가 있다. 그렇게 기계적인 시종 노릇만 해봐야 아무런 소용이 없다. 그런 것은 저자를 위해서가 아니라 단순한 자기만족일 뿐이다.

중요한 점은 좋은 책을 만들기 위해 무엇이 필요한지 필사적으로 생각하는 것이다. 그러기 위해서 고개를 숙일 필요가 있다면 목이 부러질 정도로 고개를 숙인다.

내가 만든 책은 대개 인터뷰를 바탕으로 첫 원고가 완성된다. 인터뷰 중에는 상대가 말하기 싫어하는 내용이나 원고로 삼을 수 없는 내용까지 미주알고주알 캐묻는다. 서로 들떠서 100만큼의 이야기를 끌어내도 막상 원고로 쓰면 일부가 잘려 나가 80이 된다. 따라서 그렇게 잘라내고도 100의 결과물이 될 수 있도록 120까지 파고들며 질릴 만치 이야기를 나누는 것이다.

상대의 기분 따위에 신경 쓰지 말고 급소를 찔러대지 않으면 의미가 없다. '작가 선생님'이라며 필요 이상으로 공경하는 태도를 보이면 뻔한 질문밖에 할 수 없다. 당연히 상대도 그 수준으로밖에 말해주지 않는다. 이쪽이 먼저 스스로를 규제해서는 안 된다. 편집자는 작가의 팬이 아니라 독자의 대표이기 때문이다.

나는 질문할 때 '이 사람, 바보인가?'라고 생각될 정도로 끝까지 파헤친다. 그러면 상대도 방어벽을 내리고 평소에는 말하지 않는 것까지 털어놓는다.

가령 "어떤 여자랑 밥을 먹었는데 말이야"라는 말을 들으면 보통 사람은 원고에는 쓰지 못하리라 생각하고 흘려 넘기지만, 나는 "그게 누군가요? 그때 그 연예인인가요?"라며 천진난만하게 묻는다. 예의 없는 놈이라고 생각해도 좋다. 거기에서 진짜 말이, 있는 그대로의 인간성이 흘러나오기 때문이다.

절대로 말해서는 안 되는 비밀인데도 '어쩐지 이 사람에게는 다 말해버리고 싶다'라는 기분이 들게 해야 한다. 그것이 편집자의 중요한 덕목이다. 나는 입이 가볍기로 유명하지만 일본의 각종 가십이 흘러 들어온다. 단지 형식적으로 일하는 자에게 사람들은 마음을 열지 않을 뿐이다.

내 목적은 어디까지나 좋은 '작품'을 만들어 파는 것일 뿐, 아무리 좋아하는 저자라 해도 그의 마음에 드는 것을 목표로 하지는 않는다. 그래서 저자가 '화를 낼지도 몰라' 하고 주저하는 일은 없다. 작품이 좋아질 수 있다면 말하기 어려운 것도 말한다. 그 순간에 미움을 받더라도 작품이 팔리면 그만이니까. 지뢰를 밟으면서도 결승점까지 뛰어간다. 따라서 위축되는 일도 없다.

아무리 양호한 관계라도 책이 전혀 팔리지 않으면 서로가 더 이상 함께할 수 없다. 그 부분은 가차없다. 비즈니스는 우정 놀이와 다르다. 결과와 결과, 힘과 힘으로 마주한다. 자신이 생각하는 것을 분명하게 전하고 좋은 작품으로 만들어낸다. 그 작품이 잘 팔리면 아무리 '이 녀석, 뻔뻔하군' 하고 생각하더라도 평가는 단번에 역전된다. 단순한 편집자와 저자의 관계를 넘어서는 것이다.

나는 상대와 저자, 편집자 이상의 관계를 맺고 있다. 겐조 도루가 사장인 겐토샤의 사원이 됐고, 호리에 다카후미의 온라인 살롱에서 편집학부 교수로 일한다. 뉴스픽스의 사사키 노리히코와는 '뉴스픽스 아카데미아'를 설립했다. 그 밖에도 책을 넘어서서 무수히 많은 방향으로 저자와 이어져 있다.

그것은 내가 저자의 안색이 아니라 목적을 바라보기 때문이다. 결과를 내지 못하는 성격 좋은 사람보다는 무리해서라도 결과를 내는 변태에게 일이 모인다. 호리에 다카후미에게 'NewsPicks COMIC'의 편집장을 맡아달라고 부탁할 때도 술자리에서 말 한마디로 승낙을 받아냈다. 평소에는 좀처럼 움직여주지 않는 안건이라도 메시지 한 통, 전화 한 통으로 결정짓는다. "미노와의 부탁이라면 어쩔 수 없군", "미노와라면 어떻게든 결과를 내주겠지" 하는 신뢰를 받고 있기 때문이다.

아무리 아첨을 떨어도 신뢰는 싹트지 않는다. 충돌과 싸움을 두려워하지 말고, 그저 목적지만을 노려보며 달려가라.

"

편집자는 작가의 팬이 아니라
독자의 대표임을
잊지 말아야 한다.

"

제6장

[살아가는 법]
편애와 열광으로 승부하라

인간이 하던 일을 대부분 로봇이 해치우면 인간은 인간이 아니면 하지 못할 일을 해낼 수밖에 없다. 합리적일 리 없는 편애, 모든 것을 잃더라도 몰입하는 열광, 논리나 계산으로는 책정할 수 없는 것에서 가치가 탄생한다. 노력은 열정을 이길 수 없다.

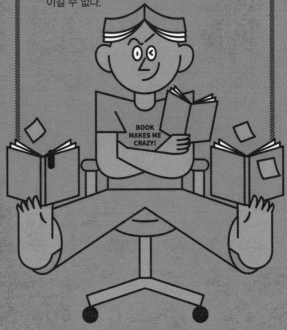

BOOK MAKES ME CRAZY!

그저
열광하라

출판 불황의 시대에 지금까지와는 다른 방식으로 성공하고 있어서인지 마케팅이나 판매 전략에 관한 인터뷰 요청을 자주 받는다. 물으니까 답하기는 하지만, 그런 인터뷰가 세상에 너무 많이 나온 결과, '책을 파는 방법에 관해서만 이야기하는 편집자가 제대로 된 편집자인가?'라는 비판을 듣게 됐다. 하지만 나만큼 팔리는 것 자체를 목적으로 삼지 않는 편집자도 아마 없을 것이다.

종종 다른 편집자와 만나거나 기획 회의에 동석할 때가 있다. "이런 식의 제목이 요즘 잘 팔려요", "표지는 지금 이런 게 유행해요"라는 말을 듣는다. 유사 서적의 실적 등을 근거로 기획을 진행하는 데에 놀랐다. 그런 획일적인 일은 AI에게 시키면 되지 않나. 나는 그런 판매 위주의 일을 해본 적이 없다.

나는 그저 내가 읽고 싶은 책을 만든다. 책을 구상

하는 첫 순간에는 팔릴지, 안 팔릴지 아무래도 좋다. 내가 좋아하는 책을 좋아하는 저자와 만든다. 그뿐이다.

사도시마 요헤이는 『드래곤 사쿠라(ドラゴン桜)』(미타 노리후사)와 『우주형제』(고야마 추야) 등을 편집했다. 나는 그가 말하는 소통법을 줄곧 참고해왔다. '미노와 편집실'의 커뮤니티 설계나 'NewsPicks Book'의 독자를 유지하는 방법에 관해서도 사도시마 씨의 조언이 큰 도움이 됐다. 그래서 그의 생각을 더 자세히 알고 싶은 마음에 『WE ARE LONELY, BUT NOT ALONE』이라는 제목의 책을 출판했다. 보통 영어 제목을 가진 책은 잘 팔리지 않아서 편집자들이 싫어한다. 하지만 나는 팔릴지, 안 팔릴지를 이유로 책을 만드는 것이 아니다. 어디까지나 내가 읽고 싶은지가 중요하다.

종종 편집자가 표지 디자인이나 띠지 문구를 적는 법에 대해 강의하곤 한다. '독자가 이 책을 읽고 얻을 수 있는 효과를 알기 쉽게 적어라!'라거나, '저자의 실적을 크게 드러내라!'라거나. 나는 그런 것을 의식하며 표지나 띠지를 만든 적이 없다.

10만 부를 돌파한 겐조 도루의 『독서라는 황야(読書という荒野)』는 아키모토 야스시에게 추천사를 받았다. "겐조 도루의 독서에서는 피 냄새가 난다. 그저 문자를 좇으며 책을 읽기 급급한 무리는 그의 발끝에도 미치지 못한다. 그는 책을 탐하며 먹어치운 자만이 아는 황홀한 표정을 짓는다. 저자의 내장을 꺼내 먹고 입에서 새빨간 피를 뚝뚝 떨어뜨리는 것이다."

이 문장을 본 순간, 나는 곧장 카메라를 지긋이 노려보는 야쿠자 같은 겐조 도루를 촬영해야겠다고 생각했다. 표지에 독자에게 호소하는 문구 따위는 넣을 생각이 없다. 내가 보고 싶은 표지를 만들 뿐이다.

오치아이 요이치의 『일본 재흥 전략』도 마찬가지다. 책의 구체적인 내용에 관해서는 설명하지 않는다. 띠지에는 내가 좋아하는 그의 트윗을 그대로 담았다.

"포지션을 잡아라. 비평가가 되지 마라. 공정하게 마주하라. 손을 움직여라. 돈을 벌어라. 획일적인 기준을 따르지 마라. 복잡한 것, 시간을 들이지 않으면 이룩할 수 없는 것에서 자기 나름의 가치를 찾아내어 사랑하라. 온갖 것에 두근대며 온갖 것에 절망하고 기대 없이 살아라. 내일과 모레, 생각하는 기준을 계속 바꿔라."

책 내용이 전해지지 않아도 된다. 그저 내가 이 문장을 좋아해서 실은 것이다.

아오키 신야의 『분위기 파악을 하지 마라』 표지도 마찬가지다. 내가 당시에 이용하던 시나가와역 앞에서 상반신을 탈의한 채 직장인 무리에 섞여 있는 아오키 신야를 보고 싶었다. 세상에서 일탈한 격투가의 기묘한 광경을 상상한 것이다.

디자이너에게 잘 팔리는 책을 가져가서 "이런 느낌으로 작업해주세요"라고 결코 말하지 않는다. 지금 'NewsPicks Book' 디자이너에게는 "'News-Picks Book' 느낌이 나게 해주세요"라는 의뢰가 쇄도한다고 한다. 영광스러운 일이지만 나라면 그런 부탁은 하지 않는다. 그런 식으로 해서 팔리더라도 기쁘지 않아서다. 나는 내가 읽고 싶은 책을 만들고, 내가 보고 싶은 디자인으로 장정을 한다.

SNS나 커뮤니티를 활용해서 책을 파는 것처럼 보일지 모르지만 순서가 반대다. 우선 내가 좋아하는 것을 만든다. 좋아하니까 한 권이라도 많은 사람에게 전하고 싶어서 노력한다. 건강 관련 서적이 잘 팔리는 시대지만 나는 관심이 없기에 만들지 않는다. 어디까지나 내가 열광할 수 있는지가 중요하다. 아무도 관심이 없다 해도 내가 최고의 책이라고 생각하면 그걸로 됐다. 죽을 때 내가 편집한 책들을 책장에 나란히 꽂아놓고 두근거릴 수 있다면 그것이야말로 성공이니까.

책 따위 팔리지 않아도 누구도 죽지 않는다. 회사가 조금 손해를 볼 뿐이다. 중요한 건 내 마음이 얼마만큼 움직이는가에 있다. 그렇기에 나는 그저 계속해서 나만의 감각으로 읽고 싶은 책을 만든다. 결코 독자나 시대에 맞추기 위해 나서지 않는다.

"

나는 그저
내가 읽고 싶은 책을 만든다.
좋아하는 책을
좋아하는 저자와 만든다.
오직 그뿐.

"

숫자에서
도망치지
마라

"내가 만들고 싶은 책을 만들면 팔리지 않아도 좋다"라고 낭만적인 말을 내뱉는 편집자가 있다. 그 기분, 나도 잘 안다. 나도 마찬가지다. 하지만 만들고 싶은 책을 만들기 위한 토양은 스스로 쌓아가는 수밖에 없다. 앞서 말한 내용과 모순되는 것 같지만, 좋아하는 것을 계속하기 위해서는 우선 돈이 필요하다.

회삿돈을 사용해 적자를 쌓아가며 '만들고 싶은 책을 만들면 된다'라고 말하는 것은 그저 어리광에 지나지 않는다. 그럴 거면 본인 돈으로 하라. 그런 사람이 만드는 책은 대개 재미도 없다. 각오가 없기 때문이다. 각오가 무른 사람의 콘텐츠는 느슨하다. 비즈니스로 하는 일이기에 돈을 벌지 못하면 언젠가 끝이 난다. 자신이 좋아하는 일을 하기 위해, 자신이 좋아하는 책을 만들기 위해, 제멋대로 굴고 자유롭게 살기 위해, 우리는 숫자와 싸워야만 한다.

출판 불황이 이어지는 지금, 새로운 브랜드를 만들어 운영하는 일은 결코 쉽지 않다. 'NewsPicks Book'을 설립하기로 결정했을 때 동료들에게 가장 많이 들은 말도 "'NewsPicks Book'이 잘 안 팔리면 금방 그만둘 거야?"였다. '시작도 하기 전에 무슨 그런 약한 말을 하지?' 하고 생각했지만 분명 타당한 지적이다. 시청률이 높지 않은 방송이 종영하는 것처럼, 팔리지 않는 출판 브랜드 역시 문을 닫는 수밖에 없다. 'NewsPicks Book'을 유지하기 위해서 나는 편집장으로서 숫자를 보여 줘야 했다.

지금은 당연한 듯 전국 서점에 'NewsPicks Book' 코너가 따로 있지만, 처음에는 책장을 확보하는 것조차 쉽지 않았다. 서점에서는 팔리지 않는 책을 진열할 여유가 없다. 잘 팔리는 책부터 순서대로 좋은 자리에 놓으며, 팔리지 않는 책은 가장 외진 곳으로 밀려난다.

결국 책이 팔리는지 아닌지 그 숫자가 혹독하게 다가온다. 절대 포기할 수 없다고 생각한 나는 호리에 다카후미의 『다동력』을 'NewsPicks Book'의 제2탄으로 출간했다. 숫자를 따내러 간 것이다. 내 안에는 명확한 의지가 있었다. 책 만드는 방식부터 프로모션 전략까지 잘 팔리는 상황을 가정해 역산하여 모든 지식, 모든 인맥을 동원했다. 단 한 방울의 물도 허투루 흘리지 않겠다는 각오로 일했다.

그 결과, 경이적인 속도로 책이 팔려 30만 부가 넘는 베스트셀러가 됐다. 『다동력』이 잘 팔린 덕분에 신뢰가 쌓여 서점에서도 좋은 자리를 확보할 수 있었다. 그 후의 'NewsPicks Book'들도 배턴을 이어받은 것처럼 확실한 숫자를 남기면서, 지금은 비즈니스 서적 하면 'NewsPicks Book'이 떠오를 만큼 책장을 점령하고 있다.

'좋아하는 책을 만든다', '하고 싶은 일을 한다'라는 것은 중요하다. 그게 전부다. 하지만 그러기 위해서는 결과가 필요하다. 자유로워지기 위해서는 숫자가 필요하다.

그다지 알려지지 않았지만, 'NewsPicks Book'의 수익 모델은 특수하다. 월정액 5,000엔의 '뉴스픽스 아카데미아'에 가입하면 뉴스픽스 아카데미아가 주최하는 행사에 참가할 수 있고, 'NewsPicks Book'이 매월 발행하는 책을 한 권씩 받을 수 있다. 따라서 겐토샤에는 그 회원 수만큼 서적 판매 매출이 들어온다. 일 년 만에 회원이 3,000명을 넘어섰다. 그 결과, 지금은 매월 수백만 엔의 수익이 정기적으로 들어오게 됐다.

이 구조를 토대로 'NewsPicks Book'은 서점에서 단 한 권 팔지 않아도 적자가 나지 않는다. 베스트셀러를 연발한 결과, 서점의 책장을 확보해나가고는 있지만 책의 성공 여부에 기대지 않고도 안정적인 수익을 올릴 수 있는 것이다. 그렇기에 'NewsPicks Book'은 영어 제목이든, 극단적인 디자인이든, 무명의 저자든 내가 좋다고 생각하면 출판할 수 있다. 잘 팔릴지 어떨지를 신경 쓰지 않고, 내가 하고 싶은 대로 총동원할 수 있다. 뭐든 내 마음대로다. 그리고 그 기세가 독자에게도 전해져 또다시 책이 잘 팔리는 선순환을 일으키고 있다.

이렇듯 내 마음대로 날뛸 수 있는 배경을 계획적으로 차근차근 만들어왔다. 평론가 우노 쓰네히로는 방송에서 "미노와는 담배가 팔리지 않는 시대에 흡연실을 만들려고 한다. 그 스타일을 비판하는 옛날 방식의 편집자는 실제로는 아무것도 하지 않는다"

라고 말했다.

좋아하는 일을 하는 것이 중요하다. 거기에서 도망
치지 마라. 하지만 그러기 위해서는 숫자에서도 도
망치면 안 된다. 돈을 벌어라. 돈을 번 후에 낭만을
말하라.

자유로워지기 위해서는
숫자가 필요하다.
돈을 번 후에
낭만을 말하라.

자신의
몸으로
실천하라

왜 다른 비즈니스 서적과 다르게 'NewsPicks Book'에는 열광적인 독자가 생겨나는 것일까? 그 이유는 편집을 맡은 나부터 원고에 열광하기 때문이다. 나는 내가 만든 책에 의해 만들어진다.

비즈니스 서적의 편집자는 저자의 말을 몇 시간씩 들으며 저자와 함께 원고를 만든다. 때로는 편집자가 큰 폭으로 수정을 가하고 거의 새로 쓸 때도 있다. 그러다 보니 저자의 사고가 자연스레 빙의해온다. 말투도 닮고 생각하는 법도 닮는다. 독자에게는 미안한 말이지만, 한 권의 책을 통해 가장 많이 성장하는 사람은 편집자다. 읽는 쪽보다 만드는 쪽이 책의 핵심을 더 많이 흡수한다.

호리에 다카후미에게 "미노와 군은 최근 일 년 사이에 몰라볼 정도로 인기를 얻었는데, 그건 『다동력』에 쓰인 것을 실천했기 때문이야"라는 말을 들

었다. 그 말대로다. 나는 『다동력』에 적힌 내용을 하나부터 열까지 실행으로 옮겼다. 『만화로 몸에 익히는 다동력(マンガで身につく多動力)』의 주인공은 바로 내가 모델인 셈이다.

호리에 다카후미로부터 다동력의 핵심을 취재하고 그를 나에게 빙의시켜서 부지런히 원고를 썼다. 쓰면 쓸수록 다동력의 진수가 보이기 시작했다. 다동력을 그저 이것저것에 손을 뻗는 능력으로 생각하기 쉽지만, 실은 전혀 다르다. 자신만이 할 수 있는 일, 자신의 심장이 뛰는 일만을 골라내는 힘이 다동력이다. 호리에 다카후미의 책을 편집자인 내가 거의 대신 쓴 것도 호리에 다카후미가 말하는 '다동력'인 셈이다. 나는 이것을 본질적으로 이해했다.

나는 호리에 다카후미를 대신해 그의 분신이 되어

책을 쓰고, 그의 생각을 세상에 전파한다. 호리에 다카후미는 그가 아니면 만들 수 없는 칼피스 원액을 만들고, 나 같은 분신이 그 원액을 희석해 세계에 퍼뜨리는 것이다. 그렇기에 도저히 한 명의 인간이 하고 있다고는 생각하기 어려운 수의 많은 일을 동시에 할 수 있다. 즉 '다동력'의 본질이란 '부동력(不動力)'이다. 자신만이 할 수 있는 일을 제외하고는 모두 주변에 넘긴다.

저자의 생각은 엄청난 독해력과 절실한 문제의식을 갖고 읽지 않으면 간파하기 어렵다. 책을 편집하는 경우, 문장 안에 한 글자라도 납득되지 않는 부분이 있으면 마음이 불편해서 출판하고 싶지 않다. 한 글자, 한 글자를 몸에 흡수하듯 제대로 생각한다. 진지하게 말과 마주하기에 말 뒤에 숨은, 저자 자신조차 언어화하지 못하는 진리를 편집자는 볼 수 있다. 나는 누구보다도 내가 만든 책의 진리를 이해하고 체현하여 그야말로 책의 화신이 된다.

분위기 파악을 하지 않고, 다동력을 발휘하여, 스스로를 북돋아, 머니 2.0의 발상으로, 전설처럼 판다.°

'달라져야 한다, 변해야 한다'라고 독자에게 호소하는 비즈니스 서적의 편집자가 본인은 변하지 않은 채 십 년 전과 똑같은 방식으로 일하는 건 그야말로 사기다. 그런데 어찌 된 일인지 비즈니스 서적의 편집자만큼 비즈니스를 모르는 사람도 흔치 않은 듯하다. 편집자가 책의 내용에 마음 떨려 하지 않기 때문이다. 팔기 위해 그저 기계적으로 책을 만들면 독자도 열광하지 않는다.

플라톤은 스승인 소크라테스에게 "전기가오리는 접근해 오는 모든 것을 마비시키는데, 당신도 그와 같은 무언가를 제게 가했습니다(『메논』)"라고 말했다. 책을 만드는 사람이 누구보다 강렬하게 찌릿찌릿 전기에 옮아가며 내용에 열광하고 체현한다면, 전기가오리를 만지는 독자에게도 그 열기가 전달될 것이다.

개그맨 니시노 아키히로에게 "미노와 씨는 『드래곤볼』에 나오는 '셀' 같다"는 말을 들었다. 셀은 적을 먹어치우고 그 적의 능력을 학습하여 더욱더 진화하는 최강의 악당이다. 그 말대로다. 나는 주변에서 질색할 정도로 저자와 책에 몰입한다. 누구보다도 저자의 핵심을 많이 흡수해 생활로 체현하며 나 자신을 발전시킨다.

그저 말을 나열하는 것만으로는 사람을 움직일 수 없다. 나 자신이 원고에 미친 듯 빠져 있기에 독자도 나만큼 열광할 수 있는 것이다.

업계의 평가는
필요 없다

『MONEY 2.0』은 일본에서 2017년 비즈니스 서적 상을 휩쓸었다. 그 선정 과정에서 벌어진 뒷이야기가 흥미진진하다.

출판사 관계자나 평론가들은 『MONEY 2.0』의 광고 수법이 너무나 노골적이어서 표를 주지 않았다고 한다. 대신 경영자나 독자로부터 압도적인 표를 얻은 결과, 특별상을 받을 수 있었다. 나는 그 이야기를 듣고 무척 기뻤다.

나는 평론가나 동업자들에게 평가받기 위해 책을 만들지 않는다. 현실을 살아가는 독자나, 눈앞의 비즈니스로 격투를 벌이는 경영자가 책을 읽고 마음을 움직이거나 행동을 바꾸는 계기가 되면 좋겠다고 생각할 뿐이다.

비즈니스 서적을 평가하고 그 평가를 메일 매거진

으로 보내는 미디어 매체가 있다. 그곳에서는 '저자의 농담 따먹기로 가득하고 화제성만으로 잘 팔리는 책'이라고 『다동력』을 혹평했다. 반면 『다동력』을 읽고 인생이 달라졌다고 말하는 젊은이가 내 주변에 모여들고 있다. 회사를 그만두고 멀리 오사카에서 찾아와 지금 내 옆에서 일을 도와주는 사람도 그중 한 명이다.

산업의인 오무라 마사시(大室正志)는 자신의 라디오에서 말했다. "미노와 씨의 책을 보고 편집이 거칠다거나 질이 떨어진다고 말하는 사람도 있지만, 그건 마치 섹스 피스톨즈(Sex Pistols)를 보고 기타가 형편없다고 말하는 것과 같다. 난센스다. 출판, 편집에 관해서라면 그보다 뛰어난 사람이 얼마든지 많다. 하지만 지금 무언가의 토대를 깨부술 것 같은 새로운 수법, 망가뜨리는 수법은 미노와 씨밖에 쓰지 못한다."

다바타 신타로°는 다음과 같은 트윗을 남겼다. "졸저 『브랜드인이 되어라!(ブランド人になれ!)』의 제작 과정에서 깨달았다. 미노와 씨는 출판계의 섹스 피스톨즈다. 그는 '얼마나 뛰어난지'와 상관없이 '얼마나 뜨거운지', '얼마나 전할 만한 것인지'에 목숨을 건다."

동영상 제작자인 아카시 가쿠토(明石ガクト)는 "미노와 씨의 책은 리얼리티 쇼다. 평론가나 은퇴한 꼰대가 쓴 여타의 비즈니스 서적과는 다르다. 그야말로 지금 시대의 최전선에서 일하는 사람의 생생함을 있는 그대로 담았다. 재미있다"라고 말했다.

정확히 짚은 평이기에 기뻤다. 나는 책을 만드는 작법 따위 아무래도 좋다고 생각한다. 책을 만들 때 지켜야 할 전통 같은 건 내 알 바 아니다.

라이브도어 집행임원, LINE주식회사 COO를 거쳐 현재는 조조타운의 커뮤니케이션 디자인 실장을 맡고 있음

세간에는 아직까지도 책에 관한 환상이 남아 있다. 책을 쓰는 사람은 선생이자 훌륭한 사람이라는 인식이 깨지지 않는다. 나는 책을 쓰고 싶다고 생각하는 사람에게 책을 써달라고 하지 않는다. 눈앞의 일에 열광하고 책 따위 쓸 시간조차 없는 사람을 무리하게 설득해 책을 출간한다.

실제로 책이라고 해봐야 종이에 글자가 인쇄되어 있을 뿐 사실을 전달하는 수단에 불과하다. 중요한 건 '그 한 권이 누군가의 마음을 깊게 찌르느냐, 실제 행동을 바꾸게 하느냐'에 달렸다. 인터넷이 등장하기 전에는 정보 전달 수단에 한계가 있었다. 텔레비전, 신문, 책, 잡지, 라디오밖에 없었다. 이들 미디어가 정보를 압도적으로 독점했다. 활자로 어떤 지식을 전달하는 것은 신문과 출판물밖에 없었다. 거기에 적힌 정보에 실제적인 가치가 있었고, 실제로 잘 팔려나갔다.

출판인도 자신이 무언가 고상한 일을 하고 있다는 자부심을 가졌다. 이것 자체는 나쁜 일이 아니다. 다만 지금은 상황이 변했다. 오늘날 활자를 통한 정보는 대부분 스마트폰을 통해 무료로 전해진다. 출판사를 통하지 않아도 트위터나 블로그를 통해 누구나 세계로 정보를 보낼 수 있다.

편집자가 특별한 일을 한다는 환상 같은 건 사라진 지 오래다. 나는 궁극적으로 전부 백지인 책이 있어도 사람의 행동을 바꿀 수 있다면 그걸로 좋다고 생각한다. 정보의 가치가 한없이 0에 가까워진 지금, 책은 체험을 파는 수밖에 없다. '이 책을 통해 의식이 달라진다, 시각이 달라진다, 행동이 달라진다' 이런 체험까지 담아내는 것이 중요하다.

나는 'NewsPicks Book'을 통해 정보를 파는 것이 아니다. 사상을 판다. 그 후 열리는 행사에 참석하거나 SNS에서 저자를 팔로우하면서 경험하고 행동을 바꾸는 것까지 고려한다. 평론가가 별 한 개짜리 평가를 하든 말든 상관없다. 내 책이 지금 무언가와 싸우고 있는 사람들에게 무기가 됐으면 하고 바랄 뿐이다.

'이 책을 통해 의식이 달라진다,
시각이 달라진다, 행동이 달라진다.'
이런 체험까지 담아내는 것이 중요하다.

환영받지
못하는
재능도
사랑하라

2018년 1월, 나는 겨울 상여금을 손에 들고 싱가포르에 갔다. 짝수인가, 홀수인가. 길인가, 흉인가. 나는 처음으로 방문한 카지노에서 바카라 게임판을 노려보고 있었다.

나를 카지노에 데려간 것은 다이오 제지(大王製紙)의 전 회장 이카와 모토타카(井川意高). 회삿돈 106억 8천만 엔을 카지노에서 날려버린 남자다. 도쿄지검 특수부에 체포당한 이카와 모토타카는 회사법의 특별배임죄를 물어 징역 사 년이 확정됐다. 교도소에서 가석방되어 사회로 나왔을 때는 얼굴의 군살이 빠져 오다 노부나가(織田信長)를 방불케 하는 정한한 기백을 보였다.

이카와 모토타카는 바카라 도박장에서 몰락하는 자초지종을 저서 『녹다(熔ける)』에 적었다. 나는 농담을 반쯤 섞어 그에게 남은 돈을 전부 쏟아붓고,

『녹다 2』를 만들자고 제안했다. 그리하여 그가 출소한 후 다시 뛰어든 카지노판에 동행하게 된 것이다.

바카라 게임판에 앉아 있는 이카와 모토타카를 처음 봤다. 마치 수도승 같았다. 고급 호텔의 스위트룸을 잡아뒀는데도 방에 돌아가는 건 샤워를 할 때뿐. 초콜릿을 한 손에 들고 24시간 잠 한숨 자지 않으며 트럼프를 젖히는 일에 몰두했다. 수천만 엔 단위의 돈을 따기도, 잃기도 했다. 내가 상상하던 것처럼 도박에 흠뻑 빠진 남자의 모습이 아니었다. 배트를 반복해서 휘두르는 스즈키 이치로(鈴木一朗) 선수처럼, 마치 금욕주의자가 된 듯 얼굴색 하나 바꾸지 않고 묵묵히 나온 패를 기록하며 트럼프를 젖혔다.

다른 동행자와 함께하기로 한 식사 시간이 되어도 자신은 가지 않겠다며 게임을 계속했다. 그리고 귀국일, 분명 며칠 전까지 수천만 엔으로 불었던 판돈

268

이 모두 사라지고, 그 패배를 되돌려야 한다며 홀로 남아 귀국을 미뤘다. 세간의 상식이나 이론 따위는 관계없다. 자신의 본능과 욕망에 따라 살아간다.

호리에 다카후미와 이카와 모토타카는 '도쿄대 출신'과 '도쿄지검 특수부 체포'라는 공통점이 있다. 그래서 기획한 것이 이 두 사람의 대담집 『도쿄대에서 교도소까지(東大から刑務所へ)』다. 호리에 다카후미와 이카와 모토타카는 교도소에 들어갔다가 나왔으니 아무리 그래도 조금은 반성했으리라 생각했다. 하지만 대담을 녹음하다 보니 두 사람은 교도소 생활을 통해 무엇 하나 달라지지 않았다. 호리에 다카후미는 더욱 뻔뻔스럽고 대담하게 진화했으며, 이카와 모토타카도 자신을 더욱 선명히 갈고 닦았을 뿐이다. 깨달음을 얻기는커녕 "체포돼서 다행이다", "진정한 나를 만날 수 있었다"라고 적반하장의 태도를 보였다. "살다 보면 이런저런 때가 끼

기 마련이니까 교도소에 가끔 들어가는 것도 나쁘지 않군요", "옥중 디톡스, 옥중 다이어트네요", "롯폰기에서 마시는 돔 페리뇽보다 교도소에서 운동한 후 마신 보리차가 더 맛있었어요"라며 웃었다.

보통 사람들은 이처럼 세간의 상식에서 자유로운 사람을 도저히 받아들이지 못한다. 그래서 질서를 흐트러뜨리는 위험인물이라는 딱지를 붙인다. 하지만 이 두 사람이 '각자의 룰'에 따라 살고 있다는 것만큼은 확실하다. 이 대담을 '인생의 정점과 밑바닥을 모두 맛본 사람들의 가르침'이라고 편집할 수도 있었다. 그쪽이 더 잘 팔릴 테고, 알기 쉬운 메시지가 되리라. 하지만 나는 전혀 반성하지 않고 각각의 개체로서 살아가는 두 사람의 대담을 있는 그대로 출판하기로 결심했다.

도쿄역에서 이 책을 사서 오사카역까지 가는 신칸

센 열차 안에서 읽는다. 인생 교훈을 얻을 수 있지 않을까 생각한 독자가 '이 녀석들, 전혀 반성하지 않았잖아' 하고 힘이 빠지길 바란다. '나는 이놈들처럼 체포될 정도로 나쁜 일은 하고 있지 않아. 괴로워도 힘내야지, 뭐'라며 방긋 웃길 바란다.

매일같이 인명 사고가 일어나 전철이 멈추는 세상에서, 한편으로는 옥중에 갇혀 모든 것을 잃어도 아무렇지 않게 인생을 즐기는 사람도 있다. 그런 사람이 세상에 있다는 사실만으로 어느 정도는 마음이 편해질 수 있다.

나는 'NewsPicks Book'이라는 비즈니스 서적을 편집해서 자주 오해를 사지만 비즈니스 노하우나 인생 교훈을 설파하고 싶다고 생각한 적이 없다. 자신이 하고 싶은 일에 충실해지라고 호소할 뿐이다. 물과 기름처럼 아무리 섞어도 세상과 섞이지 않는 이물을 세상에 내놓고, '다양한 삶의 방식'이 있다고 생각해주길 바란다. 삶의 방식이나 인생에 정답은 없다. 자신을 있는 그대로 드러내고 '나'라는 하나의 개체로서 살아갈 뿐이다.

세간의 상식이나
이론 따위는 관계없다.
자신의 본능과
욕망에 따라 살아간다.

노력은
열정을
이길 수 없다

나는 늘 맹렬하게 일한다. 그러나 누군가에게 강요당해서 하는 일은 아니다. 그저 좋아하는 일을 좋아하는 만큼 한다. 중요한 미팅이 있어도 날씨가 좋아서 수영장에 가고 싶으면 수영장에 간다. 내가 무엇에 가슴이 뛰는지를 기준으로 행동하기 때문이다. '노력은 열정을 이길 수 없다.' 내가 편집한 『스스로를 북돋는 말(己を奮い立たせる言葉)』(기시 유키)에 나오는 문장이다.

일하다 보면 당연히 괴로울 때도 있다. 아침에는 절망적인 기분이 들기도 한다. 하지만 그렇게 아무리 노력해도 열중하는 사람을 이길 수는 없다. 의무감으로 일하는 사람은 잠조차 잊고 몰입하는 사람을 절대로 이길 수 없다. 그래서 나는 내가 온 열정을 쏟아부어 열중할 수 있는지 그 마음의 움직임을 중요하게 여긴다.

저자가 나에게 빙의할 정도로 저자를 사랑하고, 온갖 수단을 구사해 저자의 목소리를 전한다. 그러기 위해 압도적으로 많은 일을 한다. 자나깨나 스마트폰을 들고 트위터를 살피며, 책이 팔릴 건수가 있으면 곧장 리트윗한다. 저자가 국민 여배우와 열애 중이라는 보도를 보면 나 자신을 친한 친구라고 들먹이며 책을 들고 무대에 나간다. 그것이 내 강점이다. 일과 사생활의 경계가 없고 24시간 쉬지 않는다.

하지만 "이게 네 일이다"라고 상사가 말한다면 노이로제에 걸릴지도 모른다. 좋아서 하는 일이기에 이렇게까지 미칠 수 있는 것이다.

'노력은 열정을 이길 수 없다'라는 방정식은 편집자에게 한하지 않고 모든 일에 공통으로 적용된다. '눈앞의 일에 얼마만큼 열중할 수 있는가, 열광할 수 있는가'가 중요하다. 열정 앞에서는 어떤 전략과 노하우도 무력할 뿐이다.

정부가 일률적으로 국민에게 돈을 주는 기본 소득의 도입이 각국에서 논의되고 있다. 기본 소득이 도입되기까지 어느 정도 시간이 걸릴지는 알 수 없지만, 돈을 벌기 위해 일하는 지금과 같은 삶의 방식은 줄어들 게 분명하다. AI가 발달하고 농작업과 배송업도 로봇이 해치우게 되면 생산 비용이 압도적으로 내려간다. 매달 얼마씩 내면 의식주가 해결되는 서비스를 페이스북이나 아마존, ZOZO가 시작한다고 해도 이상할 게 없다. 노동시간이 줄고 돈의 가치가 낮아지면 일의 보람이나 삶의 가치가 더욱 중요해질 것이다.

미노와 편집실에서는 멤버가 돈을 내면서 일한다. 기존 가치관을 가진 사람이라면 이해할 수 없을 것이다. 하지만 돈에 관심이 없는 젊은 세대에게 보람

있는 일은 그야말로 노동이 아니라 놀이다.

앞으로는 모두가 자신의 인생을 걸고 좋아하는 일을 찾으러 나서는 시대가 될 것이다. 지금까지는 돈을 잘 버는 사람이 풍요로운 삶을 누렸다면, 앞으로는 열중할 수 있는 일을 찾는 사람이 풍요로워진다. 돈을 벌지 못해도 열중할 무엇이 있는 사람은 행복하고, 돈이 있더라도 무엇을 하면 좋을지 모르는 사람은 괴로워진다.

너무 많이 생각하지 말고, 어떤 일이나 제안이든 "하겠다", "가겠다"를 입버릇처럼 말하면서 일단 움직여라. 그렇게 조그만 성공 체험을 쌓아라. 사람은 경험하지 못한 것은 갖고 싶다는 생각조차 하지 못한다. 작더라도 할 수 있는 일을 반복하노라면 결국에는 인생을 걸고 열중할 수 있는 일을 발견하게 될 것이다.

인생이란 애초에 자신이 열중할 수 있는 일을 찾아가는 여행이다. 그만큼 인생을 걸 정도로 열중하고 싶은 것을 발견하는 일은 쉽지 않다. 중요한 점은 상식에 얽매이지 않는 것이다. 개체로서 욕망과 편애를 드러내라. 이러쿵저러쿵 말하기 전에 일단 움직여라.

위험하다고 생각되는 것은 전부 가상의 것일 뿐이다. 인생은 긴 드라마이자 역할 게임에 지나지 않는다. 실패나 문제는 전부 이야기를 재미있게 만들기 위한 이벤트에 불과하다. 지금만큼 도전하는 사람이 즐거운 시대도 없다. "죽는 것 말고는 그저 찰과상!"이라고 외치면서 그저 미쳐라.

바보가 되어
날아올라라!

'백 년 후에도 계속 읽히는 책을 만드는 편집자가 되고 싶다.' 나는 어째선지 이런 생각을 전혀 하지 않는다. 내 삶의 방식에서도 마찬가지다. 편집자로 영원토록 활약하고 싶다거나, 출판 업계를 싹 뒤엎고 싶다거나, 창작자가 활약할 수 있는 사회를 만들고 싶다거나 하는 마음이 전혀 없다.

'지금 뭔가 엄청나게 큰 소리가 들렸는데 어디에서 폭발이라도 일어난 거야?'라고 생각될 정도로 불확실하고, 무의미하고, 해석할 도리가 없는 존재가 되고 싶을 뿐이다. 거기에 정의감이나 고상한 이념 같은 건 없다. 꽃을 피우지 못하는 수꽃이어도 좋다. 어딘가에서 파멸해 "그러고 보니 전에 미노와라는 편집자가 있었지"라는 말을 듣는 정도가 딱 좋다.

학생 시절, 공원에서 낮부터 캔 츄하이를 마시는 아저씨들이 부러웠다. 그들처럼 나에게는 왠지 모를 파괴 본능과 파멸 본능이 있다. 안정되기 시작하면 공연히 그 상태를 벗어나고 싶어진다. 이렇게 한 권의 책을 세상에 내놓은 시점에 지금까지의 나는 죽은 것과 마찬가지다. 경험과 노하우를 떠들거나 책으로 만드는 시점부터 이미 썩기 시작했다.

'NewsPicks Book'이 궤도에 올라서서 나는 '히트 메이커' 취급을 받는다. 좋은 아이디어를 전혀 내지 못해도 회의에서는 "역시 미노와 씨"라는 말을 듣고, 많은 훌륭한 저자에게서 "미노와 씨가 편집해주면 좋겠다"라는 제안을 받는다. 아주 고마운 일이지만, 그 시점에서 내 부패는 시작됐다고 생각한다. 마음이 편하다는 것은 도전하고 있지 않다는 뜻, 성장하고 있지 않다는 뜻이기 때문이다.

'NewsPicks Book'을 시작할 무렵, '이 브랜드가 엎어지면 어쩌지? 『다동력』이 팔리지 않으면 끝장이야' 하고 언제나 오싹오싹한 위기감과 싸웠다. 하지만 지금은 어떤가. 어딘지 모르게 차분해진 상태로 무언가를 절실히 바라지 않게 됐다.

궤도에 오른다는 건 이런 것일 테다. 도박이라는 단계를 넘어서 비즈니스로 안정된다. 일이 체계적으로 돌아가고, 누군가 한 명의 재능이나 열광에 기대지 않고도 나아간다. 나쁜 것은 아니다. 열광에서 지속적인 단계로, 더 큰 규모로 나아가는 과정이다.

하지만 나는 금방이라도 떨어질 것같이 위태로운 그물망에서야말로 빛나는 사람이다. 계속 움직이고 계속 변화하지 않으면 질려버린다. 내가 질렸다는 것을 독자에게 당장에는 들키지 않겠지만, 반년만 지나면 세상도 분명 눈치챌 것이다. 그렇게 많은 변화가 끝나게 된다.

그렇기에 이 책에 쓴 것과는 지금 이 순간 결별하고, 나는 완전히 새로운 일을 시작해야만 한다. 겐토샤의 젊고 수완 좋은 편집자, 'NewsPicks Book' 편집장이라는 너무나 편한 위치를 바꿔야만 한다. 지금까지와는 다른 발상으로 다른 규모의 일을 한 후 그 경험을 겐토샤와 뉴스픽스에 크게 돌려주고 싶다. 변화를 멈춘 시점에서 나라는 인간의 가치는 없다.

앞으로 내 활동 영역을 바꿔나갈 것이다. 책은 책으

로만 남아서는 아무런 의미가 없다. 책 속에서 세상을 바꾸자고 호소할 뿐만 아니라, 나 자신이 손을 움직여 세상을 바꿔가야 한다.

미노와 편집실에는 1,300명의 멤버가 있다. 일본은 물론 전 세계에 퍼져 있다. 미노와 마피아가 전국, 더 나아가 전 세계에 2,000명, 3,000명으로 늘어난다면 세상은 더욱 즐겁고 자유로워질 것이다. 이 학당을 기점으로 세계를 놀라게 할 것이다. 그러기 위한 아이디어는 내 머릿속에서 이미 폭발하고 있다. 지금, 여기가 최전선이다.

내가 편집하는 책은 다른 비즈니스 서적과는 다르다. 정보 가치를 중시하지 않는다. 시대의 폭발을 파악하고 지금을 사는 창업가의 생기 넘치는 장면을 카메라로 찍듯 담은 후 비타민제를 주사하듯 기합을 넣는다. 저자는 달라져도 대체로 패턴은 정해져 있다.

왜냐하면 정보는 어디에든 있기 때문이다. 뉴스픽스든, 트위터든, 강연회든 가장 앞선 정보는 찾고자하는 의지만 있다면 누구나 손에 넣을 수 있다. 일본을 움직이는 창업가건, 대학생이건 얻을 수 있는 정보에는 큰 차이가 없다.

중요한 건 행동하느냐, 마느냐에 있다. 그것만이 길을 가른다. 오치아이 요이치도, 마에다 유지도, 사토 가쓰아키도 매일 누구보다 많이 행동한다. 그들이 가진 정보와 지식은 다른 30대와 다르지 않다. 목숨을 불태우며 달리고 있다는 점이 다를 뿐이다.

그렇기에 나는 행동하라고 독자의 등을 밀어준다. 책은 그러기 위한 도구에 불과하다. 행동하는 사람에게 지금처럼 기회가 많은 시대도 없었다. 위험을 위험으로 생각하지 않는다. 무모한 승부를 하러 나선다. 마음껏 편애하며 몰입한다. 타산이나 논리에서 벗어나 형식을 파괴한 자에게 돈도, 사람도, 정보도 모인다.

술자리에서 멀쩡한 사람은 언제나 손해를 본다. 뒷정리를 하게 되고 계산을 떠맡거나 술 취한 사람을 배웅해야 한다. 그러는 대신 즐겁게 취해서 소동을 부리고, 노래를 부르고, 춤을 추자. 그리고 다시 다음 날, 아무 일도 없었다는 듯 반성하고 조금 토한 후에 똑같은 일을 반복하면 된다.

세상은 취기가 가신 인간, 착실한 인간부터 탈락해 나가는 유쾌한 경기장이다. 이 세계에서 자신이 무엇을 할 수 있는지 생각하면서 자신답게 미쳐라. 있는 그대로 즐기면서 자신밖에 만들어내지 못하는 것을 만들어라.

위험 따위 존재하지 않는다. 실패야말로 최고의 브랜드다. 바보가 되어 날아라. 상처를 입더라도 그것을 웃음거리로 삼으면서 다시 그 자리에서 달려 나가라.

마지막으로 이 책의 출간에 힘써주신 매거진하우스의 무카사 기미타케(向笠公威) 씨, 언제나 원고 대필을 부탁드리는 아라이 가오리(荒井香織) 씨, 카메라맨 나카가와 마사코(中川正子) 씨, 장정을 맡아주신 스즈키 세이이치(鈴木成一) 씨. 올스타 멤버가 모여 이 책을 만들어주신 데에 감사 인사를 보낸다.

그리고 겐조 사장님. "미노와는 언제나 길에서 조금 벗어나 있는 점이 좋아"라는 말을 들었을 때 이런 말을 할 수 있는 사장은 그밖에 없다고 생각했다. 나는 겐조 도루에 의해 만들어졌다고 이 책을 쓰며 새삼 깨달았다.

지금까지 나와 일해준 모든 저자분에게도 그저 고마울 뿐이다. 스스로 책을 써보고서야 그 어려움을 알게 됐다. 지금까지 무모한 말을 해서 죄송하고 감사하다. 그들과 앞으로도 함께 달려가고 싶다.

내 책을 정성스레 진열해주신 전국의 서점원들에게도 감사하다. 서점에서 내가 편집한 책을 봤을 때의 기쁨은 몇 년이 지나도 변하지 않는다. 앞으로도 힘내서 잘 팔리는 책, 가슴 두근거리게 하는 책을 만들고자 노력하겠다. 책의 미래는 무척이나 밝다.

마지막의 마지막으로 언제나 내가 편집하는 책을 읽어주시는 독자 여러분에게 마음속 깊이 감사 인사를 드린다. 숨이 끊기지 않고 달릴 수 있는 건 다 여러분 덕분이다. 이 책이 모든 독자에게 힘이 될 수 있다면 더없이 기쁠 것이다.

지금 이 순간, 의미가 없다고 생각하면서도 억지로 일하고 있거나, 가치가 없다고 느끼면서도 무언가를 만들고 있다면 다 함께 멈추자. 모두가 자신이 진정 열광할 수 있는 일을 시작한다면 세상은 더 혁신적이고 긍정적인 것이 되리라.

하고 싶지 않은 것을 지금 당장 그만두더라도 아무도 곤란해하지 않는다. 아무 일도 없었던 듯 세상은 돌아간다. 하지만 당신이 마음속 깊은 곳에서 하고 싶다고 바라는 것은 당신이 아니면 할 수 없는 멋진 일이다. 그 일로 인해 당장 내일부터 세상이 달라질지 모른다.

위험 따위 없다. 모든 성공도, 실패도 인생을 장식하는 이벤트에 불과하다. 미래는 밝다. 바보가 되어 날아올라라!

일단 해보자!

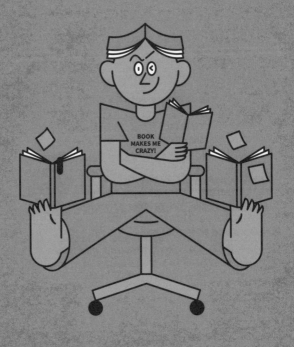

KI신서 8226

미치지 않고서야

1판 1쇄 발행 2019년 6월 28일
1판 9쇄 발행 2024년 5월 24일

지은이 미노와 고스케
옮긴이 구수영
펴낸이 김영곤 펴낸곳 (주)북이십일 21세기북스

출판마케팅영업본부 본부장 한충희
출판영업팀 최명열 김다운 권채영 김도연
제작팀 이영민 권경민

출판등록 2000년 5월 6일 제406-2003-061호
주소 (우 10881) 경기도 파주시 회동길 201(문발동)
대표전화 031-955-2100 팩스 031-955-2151 이메일 book21@book21.co.kr

(주)북이십일 경계를 허무는 콘텐츠 리더

21세기북스 채널에서 도서 정보와 다양한 영상자료, 이벤트를 만나세요!
페이스북 facebook.com/jiinpill21 **포스트** post.naver.com/21c_editors
인스타그램 instagram.com/jiinpill21 **홈페이지** www.book21.com
유튜브 www.youtube.com/book21pub
서울대 가지 않아도 들을 수 있는 명강의! 〈서가명강〉
유튜브, 네이버, 팟캐스트에서 '**서가명강**'을 검색해보세요!

ISBN 978-89-509-8183-9 03320